돌아갈 수 없는 날의 풍경

돌아갈 수 없는 날의 풍경
문학과사람 수필선

초판 1쇄 발행 | 2025년 6월 20일

지 은 이 | 유혜자
펴 낸 이 | 김광기
펴 낸 곳 | 문학과 사람
등록번호 | 제2016-9호
등록일자 | 2016년 7월 22일
주　　소 | 경기도 시흥시 하상로 36 금호타운 301-203
　　　　　서울시 마포구 성미산로 1길 30, 2층
전　　화 | 031) 253-2575
전자우편 | poetbooks@naver.com
홈페이지 | http://cafe.daum.net/yadan21

ISBN 979-11-93841-38-9 03810

값 20,000원

* 이 책은 전부 또는 일부 내용을 재사용하려면 저자와 '문학과 사람'의 동의를 받아야 합니다.
* 이 도서의 국립중앙도서관 출판도서목록은 서지정보유통지원시스템 홈페이지(http://seoji.nl.go.kr)와 국가자료공동목록시스템(http://www.nl.go.kr/kolisnet)에서 이용하실 수 있습니다.
* 이 시집은 교보문고와 연계하여 전자책으로도 출간됩니다.

돌아갈 수 없는 날의 풍경

유혜자 수필집

문학과사람

■□ 작가의 말

돌아갈 수 없는 날에 부치다

어머니께서 그러셨습니다.
"내 살아온 세월을 엮으면 열두 권 책도 모자라다."
열두 권만 넘겠어요.
열두 달을 몇 번 넘겨도 끝나지 않을 이야기지요.
회한 속에 돌아갈 수 없는 시간 속으로 떠나신 어머니.
이제 어머니 걸음에 딸 걸음을 더하여 지나간 풍경 앞에 섭니다.
한(恨)도 삭으니 아름다운 날의 풍경으로 돌아오네요.

돌아갈 수 없는 날의 풍경

어느 날
나 다시 이 길에 들 거다.
붉고 푸른빛 다 떨군 무채색 계절에…
쥔 거 아무것도 없는 가벼운 저녁에…

타박타박
아침에 왔던 길 오차도 없이 돌아가다
문득 올려다본 하늘
노을이 풍경 너머로 사라지는 중이다.
어둠이 별을 틔우는 중이다.

아주 많은 시간이 흘러간 어느 날
불현듯 이 순간이 떠오르리라.

그때 이 길엔
아름다운 것만 아스라이 고여 있을 것이다.
나의 겨울도
다시 돌아갈 수 없는 날의
따스한 풍경이 되어 있을 것이다.

지나간 것은 아름다웠다고
잠시
행복이 머물 것이다.

차례

1부. 돌아갈 수 없는 날의 풍경

돌아갈 수 없는 날의 풍경 - 19
오메 징헌 세월 - 23
정답은 뭘까 - 25
행복이란 - 28
돌이킬 수 없는 시행착오 - 31
TV를 보다가 - 36
동반자 - 40
키다리 아저씨 1 - 43
키다리 아저씨 2 - 48
키다리 아저씨 3 - 51
가벼운 이야기 - 55
자기 주도적인 삶 - 58
추억은 지나간다 - 61
창 너머 풍경 - 65
기억의 창고 - 68

2부, 그리운 냄새

소풍 – 73

소와 곰 – 78

계란 열다섯 판 이야기 – 83

푸르른 날 – 87

화투 그림의 원조 – 91

그날과 그날 이후 – 94

꺼먹소 – 97

추억 – 100

그리운 냄새 – 102

하나뿐인 내 동생 – 106

로또 당첨 – 110

삶과 죽음 – 115

진짜와 가짜 – 125

다시 겨울 – 128

잘 있는 거지 청춘 – 136

3부. 사소하게 바뀐 운명

사소한 일 - 151
아주 사소한 일 - 156
잘 가라, 어제의 나여! - 159
나의 등대 - 162
성취감 - 166
길 닦기 - 168
버스 인연 - 171
오뚜기 - 174
씨 뿌리는 농부 - 177
첫 열매 - 179
병아리 강사 - 182
변수 - 185
다시 시작 - 188
누군가는 보고 있다 - 191
분기점 - 194
새 길을 찾아 - 197
사소하게 바뀐 운명 - 200

4부, 달팽이 시간

달팽이 시간 - 207
나의 미래 보고서 - 214
꽃보다 아들 - 232
훈장 - 234
받아들이기 - 237
아들 - 241
지금은 초보 시절 - 243
가버린 사람 - 246
안녕하시지요? - 248
완전한 삶을 위하여 - 251
옛날 옛적에 - 256
벽이 문이 되기까지 - 260

1부

돌아갈 수 없는 날의 풍경

돌아갈 수 없는 날의 풍경

　강산을 되돌리고 되돌린 유년의 뜨락, 우리 집 귀염둥이 똘똘이가 뛰어놀고 있었다. 그 동네 개의 태반이 워리 메리 쫑, 하며 근본 없는 이름으로 불릴 때 영특한 우리 개는 총명함에 걸맞게 똘똘이라는 이름으로 불렸다. 우리의 친구이자 수호신인 똘똘이는 집 앞을 지나가는 사람은 시큰둥하고도 조용하게 으르렁거렸고 달갑잖은 방문객일 땐 맹수 이빨을 드러내며 물어뜯을 기세로 왈왈왈, 평소 주인댁과 친분 있는 이웃이면 안부차 가볍게 멍! 하고 신호를 했다. 우리는 똘똘이의 신호를 통해 지나가는 과객인지 정중하게 대문에 나가 맞이할 손님인지를 방 안에서 가늠하곤 했다.

　똘똘이가 가장 요란하게 반기는 사람은 날마다 이른 새벽에 행상 나갔다가 밤이 깊어서야 오시는 어머니였다. 어머니가 오실 때면 우리가 기척을 느끼기 훨씬 전부터 꽁알꽁알 낑낑거렸다. 똘똘이가 낑낑대면 나는 마당에 나가 검은 허공에 대고 나발을 불었다.
　"어머니~~~어디만치 오세요~~~?"

… 잠잠 …

좀 더 지나면 줄이라도 끊고 마중할 기세로 똘똘이 발광이 극에 달한다.

"오고 계세요~~~?"

"그랴~~쿨럭쿨럭"

아주 멀리서 들려오는 해숫기 깊은 기침 소리. 똘똘이는 동구 밖 먼 데서부터 들리는 기침 소리로 어머니를 느끼는 것이다.

어느 날 며칠째 눈이 퍼붓고 쌓이고 또 퍼부은 뒤, 눈은 그쳤지만 나무 광에 땔감은 텅 비고 전날처럼 그 밤도 사람 보고 녹여달라며 서슬 퍼런 방구들 이불속에서 다그닥 다그닥 이빨의 불협화음을 듣다가 나, 비장하게 말했다.

"동생아 산에 가자."

"이 밤에?"

"밤이니까 가야지. 얼른 나무해서 어머니 오시기 전에 뜨끈하게 구들 좀 덥히자"

새끼줄과 낫을 챙긴 뒤 똘똘이와 동생을 앞세우고 새하얀 눈밭을 걸어 산을 향했다. 아직 등잔불 켜던 시절이라 일찌거니 잠이 들어 천지가 조용한데 와삭와삭 얼은 눈 밟는 소리가 왜 그리 간을 조이던지. 산나물 뜯고 솔가루 긁으며 주변 산을 훑고 다녔던 나는 산의 지형을 손금처럼 훤히 꿰고 있었다. 그 밤 등정할 산은 동네 야산이었다. 산이 완만하고 호랑이 같은 아저씨 때문에 사람들의 손을 덜 타 집어 올 것이 풍성한 산이었다. 산 중턱쯤 올라가 만만한 솔가지를 잡아서 꺾을 곳을 낫으로 한번 툭 쳐주고 아래로 잡아당기자 뚝!! 순간 숨이 멎는 줄 알았다. 눈 내린 고요한 밤에 언 솔가지 꺾이는 소리가 그토록 클 줄이야. 가지 하나 뚝! 할 때마다 혹시라도 그 소리에 누가 쫓아올까 봐 동작을 멈추고 잠시 귀를 기울이곤 했다. 산에서 나무하다 삼림감시원한테 들키면 거한 벌금을 내야 한다는 소문이 흉흉할 때였다. 그러나 몇 번 뚝 해도 온 세상이 난 모르는 일이라고 조용하기에 탄력받아 본격적으로 솔가지를 꺾었다.

뚝 뚝 뚜둑…

그때 갑자기 사달이 났다.

둘보다는 셋이 든든할 것 같아 앞세우고 온 영특한 똘똘이가 수상한 기척을 탐지하고 맹렬히 짖기 시작했다. 그와 동시에 산 주인이 잠도 안 자고 나타나선 어느 놈이여! 벼락같은 소리로 온 산을 쩌렁쩌렁 뒤흔들었다.

난데없는 호통소리에 잠자던 동네 개들은 일제히 합세하여 짖어대기 시작하고 집집이 희미하게 불이 켜지는데, 개판이 되어가는데, 그 와중에도 이느무 똥개는 눈치 없이 맞짱이라도 뜰 기세로 왈왈 대서 주둥이를 움켜쥐고 우리는 바위 뒤에 숨었다.

"언놈이 야밤에 도적질여? 앙!"

산 주인의 사자후를 들으며 숨죽이고 한참을 쭈그려 있다가 개들이 조용해지고 산 주인도 갔을 즈음에야 몇 안 되는 솔가지로 눈 서래질하며 산을 내려왔다. 그날따라 객쩍게 달은 휘영청하고 우리는 패잔병처럼 발을 절룩이며 집에 왔다.

언 솔가지는 매캐한 연기로 눈물샘을 자극하는데, 자작자작 타들어 가는데, 아궁이 앞에 앉은 똥개와 우리는 아무 말도 하지 않았다.

오메 징헌 세월

　어느 시인이 '한 도라꾸 책을 팔 때조차 버리지 못했다'는 단 한 권의 책, 이희승 편저 국어사전. 나도 있다. 사촌 언니한테 물려받은 첫 보물이다.
　오랜만에 펼쳐 보는 사전.
　옛날 국어사전은 백과사전 같다.
　이해를 위한 다양한 삽화며 상세한 수학 용어 해설이 국어사전으로 수학 공부해도 될 것 같다. 꽃잎 따서 갈피에 넣어 말렸던 얼룩 자국. 굽이굽이 하많은 세월을 거슬러 아련한 소녀 시절이 얼룩 속에 되살아난다.
　1968년 발행된 책 말미의 국민교육헌장, 그야말로 격세지감이다.
　엇! 밑줄 쳐둔 문장 발견!
　기억난다. 먹거리뿐 아니라 읽을거리도 궁해서 교과서가 최고의 읽을거리였던 시절, 신학기가 되면 국어 도덕 미술 음악 할 것 없이 읽을 수 있는 건 샅샅이 읽어보고 그도 아쉬워 다른 학년 책까지 빌려 읽곤 했는데 나중에 중학교 가서 국어책을 보니 이미 초등학교 때다 읽은 구닥다리였다.

　오빠가 읽다 던져둔 통속 소설까지 되는 것 안 되는 것 통제 없이 모조리 잡식하다 갸우뚱한 단어는 언제나 이 사전이 소화제였다.

　당초 읽을거리가 없으면 그저 사전 아무 데나 펼쳐 놓고 그냥 읽었다. 읽다가 내 몸의 세포가 된 단어들.

　이따금 무언가 끄적일 때면 요놈들이 나 불렀니? 하며 때맞춰 튀어나온다. 내가 낡아가는 동안 저도 닳아진 너덜너덜 반려자.

　사전은 의구한데 인걸은 가고 꿈도 가고…

정답은 뭘까

기억하니?

네가 너희 집에서 놀다가라고 해서 너희 집에 들렀던 그 날.

너희 집 모퉁이 왔을 때 너는 집을 향해 엄마~ 하고 불렀지. 아무 응답이 없자 너는 다시 엄마 나 왔어~~하고 소리쳤지. 여전히 대답이 없자 너는 나를 앞서 집으로 뛰어 들어갔지.

"엄마 어디 있어?"

마루로, 부엌으로, 뒤꼍으로…

영화 '장미의 정원'에서 알코올 중독자가 술을 찾듯 미친 듯이 엄마를 찾아다녔지. 그날 무슨 볼일 보러 가셨는지 끝내 너의 엄마는 나타나지 않았고 너는 메고 있던 가방을 마루에 패대기쳤지.

"엄만 대체 어딜 간 거야!"

뻘쭘 서서 나는 그 희한한 모노드라마를 보고 있었어. 난 한 번도 엄마~~ 부르며 집에 들어간 적이 없었어. 나를 기다려줄 누구도 없는 늘 빈집이었으니까. 내가 들어간 그 순간부터가 사람 소리가 나는 집이었으니까.

일어나라~ 엄마 목소리에 잠이 깼을 너
　학교 끝나고 엄마 부르며 집에 가는 너
　저녁 먹어라~~ 소리에 놀다 말고 뛰어가는 너
　나도 이다음에 결혼하면 아이가 엄마~~ 부르며 들어올 수 있게 집에서 기다리고 있을 테야. 아이와 함께 색종이 접기를 할 거야.

　아이가 태어났어. 외우다시피 한 책을 다시 읽어주고 함께 그림도 그렸어. 냇가에서 빨래하고 있으면 은빛 송사리는 옆에서 건들건들 몰려다니고 아이는 그 옆에서 가재 잡는다고 냇물을 흐려놓곤 했어. 물이 흐려져도 괜찮았어. 기다리면 다시 맑아지고 아이는 웃고 있으니.
　그런데 아이는 태권도장에 가고 싶어 하네. 다른 아이들처럼 피아노도 배우고 싶어 하네. 집에서 하는 아이템플 대신 영재학원도 가고 싶어 하네.
　아이가 원하는 걸 해 줄 수 없어 안타까웠어. 직장에 다니기 시작했지. 아이들 앞에 부끄럽지 않은 엄마가 되겠다고 치열하게 일했지. 영재학원, 피아노, 태권도 모두 등록했어. 이젠 아이가 원해서가 아니라 내가 일하는 동안 아이를 보관(?)하기 위해 학원이 필요했어.

　이제 아이는 엄마~~ 부르며 집에 올 수 없어. 다른 아이들이 돌아간 학원에서 엄마를 기다리며 종일반으로 남아 있어. 아이는 다시 엄마가 집에서 기다려주길 원해. 어쩌다 퇴근이 늦어지면 아이는 가방을 멘 채로 집 근처에서 놀고 있어. 가방이라도 집에 두지 그랬니, 하면 엄마 없는 집에 들어가기 싫다 하네.

내가 가고 있는 이 길이 맞는 걸까?
이따금 이정표를 잃고 흔들렸지만 가던 길을 멈출 수가 없었어.
한 끼는 밥, 한 끼는 국수로 때우던 끼니는 넉넉해졌지. 엄마의 빈자리를 보상해 주듯 돈가스도 사주고 에버랜드도 데려갔어. 구색도 안 맞던 얻은 옷 대신 시장표 새 옷도 입혔지. 그리고 여전히 학원에 장시간 아이를 맡겼지. 그건 사육과도 같았어.
영혼을 팔아 청춘을 얻은 파우스트처럼 순정한 아이들 영혼을 방치해 집을 샀고 아이들은 꿈을 놓친 청년이 됐지. 이따금 난 술 없이 취해. 혼자서 주정을 해. 시간을 되돌릴 수 있다면 그때 나는 어느 길을 가야 할까?

요즘 젊은 엄마들, 외벌이론 힘들다며 맞벌이를 해. 더러 누군가는 아이를 떠맡아 사육하지. 내가 안타까워 그러지. 굶을 정도만 아니라면 그냥 아이 곁에 있어 주지 그러세요. 달라지진 않아. 그들도 나름의 생각과 고충이 있을 테니. 인생에 정답은 뭘까?

그런데 친구야, 행복했니?
행복하니?

행복이란

건조기에서 양말 꺼내라~

엄마 말에 김이 모락모락 나는 양말을 얼굴에 대며 라이너스가 하는 말

'행복이란 서랍 속에 따뜻한 양말이 가득한 것'

지금도 그다지 보편화되지 않은 건조기를 70년대에 스누피 만화를 보며 생경하게 느꼈던 기억이 난다. 뭉클했던 라이너스의 독백도. 검정 교복에 흰 양말이 규정 복장이던 때 단 한 켤레뿐인 양말을 저녁마다 빨아서 밥솥 뚜껑에 말려 신고 다녔는데 뜨거운 솥뚜껑에서 누레진 양말을 보며 나는 소망했다.

양말이 한 켤레 더 있으면 좋겠다.

졸업 후 첫 월급 타서 제일 먼저 양말 세 켤레를 샀다. 날마다 바꿔 신으며 나도 라이너스처럼 양말을 얼굴에 부볐다.

'행복이란 내일도 신을 양말이 준비되어 있는 것'

지금은…

해진 소맷부리를 보며
"얘, 너만 같으면 옷 장사들 다 굶어 죽겠다."
하시는 어머니. 내 발을 볼 때마다
"양말 장수도 좀 먹고살게 해줘라. 누가 보더라도 남사스럽지 않냐." 그러신다.
"신발 속 보일 일도 없는데요 뭐."

구멍, 구멍…
양말마다 통기 구멍이 있다. 아들이 신던 것들이다. 다른 부분은 다 멀쩡한데 엄지 쪽에 뚫릴 조짐만 보여도 그만 신겠단다.
"그 정도는 더 신어도 되지 않니?"
"그러다 구멍 나버리면 망신당해요."
"그렇담 그만 신어라. 대신 버리지나 마라, 내가 몇 번 더 신을 테니."
그렇게 넘어온 양말들.
가능한 구멍이 새끼발가락 쪽으로 오게 신는다. 좀 지나면 구멍이 엄지와 새끼발가락 쪽에 두 개가 되고 그 둘은 오작교를 지나 한 몸이 된다. 그 정도 되면 버려?
아니지. 발목 부분을 잘라서 겨우내 발목 토시로 이용하면 발목 안 트고 좋다.
구멍 났어도 겨울에 두 켤레씩 신으니 따뜻하고 여름엔 통풍 잘되고 그럼 됐지 뭐. 이러고 버텼는데…

경로당에 배달을 갔다

부침개 한쪽 먹고 가라고 잡아끄는 어르신. 고소한 내를 뿌리치지 못하고 신발을 벗는 순간,

"아이고 슈퍼 사장님, 양말이 이게 웬일여."

아뿔싸!

그날따라 엄지가 코브라 머리처럼 쑤욱…

까망은 동색이라고 짝짝이 무늬까지…

에구 남사스러워, 다음엔 절대 부침개에 미혹되지 말자.

*

행복이란

물질로는 채울 수 없는 것

돌이킬 수 없는 시행착오

아이들이 어릴 때 먹는 것, 입는 것, 어느 것도 풍족한 것이 없었다. 태어나 첫 입성인 배냇저고리부터 강보도 옆집 아기 걸 물려받았고 얻은 기저귀는 올올이 녹아 없어지도록 썼다. 예방 접종하러 소아과에 가면 다른 아기들은 세상에 하나뿐인 공주인 양 왕자인 양 유명 브랜드로 반짝반짝 단장하고 오는데 내 아이는 보풀진 강보 속에서 눈만 반짝였다.

반짝이는 아기 눈을 맞추며 다짐했다. 비교하는 건 내 눈일 뿐이야. 헌 옷 걸쳤는지 새 옷 걸쳤는지 네가 알겠니? 나중에 네가 부끄럽다고 느낄 나이가 됐을 때, 그땐 꼭 이쁜 옷 사줄게.

이웃 아이들한테는 흔하디흔한 장난감, 우리 아이들한테는 사치품이었다. 부러운 눈으로 이웃 아이들 장난감을 바라보는 아이들.
"넌 지금 그거 가지고 노니 이거 ㅇㅇ이가 잠깐 갖고 놀게 해 줄래?"
안 된다고 한 무더기 장난감을 끌어안는 이웃 아이. 그런 아이에게 빈말이라도 양보 좀 하라고 이르지 않는 이웃 여자를 보며 아이들을 단도리했다.

"네 것 아닌 것은 쳐다보지도 마라. 엄마 말 잘 듣고 사이좋게 지내면 너희들도 어린이날 장난감 사줄게."

어린이날이 다가오면 나는 다시 조건을 걸었다

"생각해 보니 장난감 안 사는 게 낫겠어."

"왜요?"

"돈이 조금밖에 없어서 두 개는 못 산다. 한 개만 사야 돼. 그러면 너희들 서로 갖겠다고 싸우지 않겠니? 싸우느니 안 사고 평화롭게 사는 게 낫지."

"아녜요, 안 싸워요, 절대로. 약속해요. 우리 안 싸울 거지. 그치!"

모처럼의 기회가 날아갈세라 다급히 절대 싸우지 않을 것을 맹세하는 아이들.

"그래, 약속했으니 싸우면 아궁이에 넣어 버린다."

정말 안 싸운 것 같다.

그래서 미안하다.

일 년에 겨우 한두 개 사줬으면서…

에버랜드에 갔다.

쇼윈도에 공룡 모형들이 즐비했다. 아이들이 환호하며 이름을 줄줄이 읊었다. 그러다 천천히 앞서가던 내 귀에 들리는 말.

"티라노사우루스 갖고 싶다. 그렇지만 어머니한테 말해도 소용없겠지, 그냥 가자."

아들 말대로 못 들은 척 가던 길 갔는데 후회된다. 그냥 하나쯤 사줄걸. 왜, 왜 그런 거야.

나도 어렸을 때 부족한 것 많았다. 그러다 보니 어쩌다 주어지는 작은 것 하나하나가 더없이 소중했다. 아이들도 그걸 깨달았으면 했다.
그때 형편으론 큰애 하나 작은 애도 하나, 이런 개념이 존재할 수 없었다. 큰아이 소풍 가면 큰아이 간식만 준비하고 작은 아이 소풍 가면 작은 아이 것만 준비하며
"형이 소풍 가니까 형 것만 산 거야. 너도 소풍 갈 때 사줄게" 했고 사달라고 떼쓰는 일도 없었다. 그저 소풍 가는 아이가 안 가는 형제에게 간식을 나눠주는 거로 끝이었다. 그것도 맘에 걸린다.
왜 먹고 싶지 않았겠어.

둘째는 형에 치여 더 밀렸다.
여덟 살이 되도록 새 운동화를 신어본 적이 없다. 큰아이 신발을 사주면 발은 금세 자라고 신발이 성한 채로 새 신이 필요하니 큰아인 계속 새 신을 신고 작은 아인 물려 신었다. 어느 날 큰아이 신발을 사 와서 잘 맞는지 신겨 보고 있는데 작은 아이가 바짝 들여다보며 말했다.
"형, 이 신발 내 것도 되는 거지. 형 신다가 나 줄 거니까."
다음날 신발 한 켤레 더 샀다.

큰아이라고 계속해서 새 신만 신은 것은 아니다. 대학 다닐 무렵 발 성장이 멈췄다. 신발 한 켤레를 마르고 닳도록 신었다. 어느 날, 빗길에 신발이 새서 양말이 다 젖었다고 했다.

"비 오는 날은 어차피 새 신발도 젖어."

또 며칠 후

"동아리 형이 너네들 ○○신발 봤냐? 했어요."

"신발은 왜?"

"○○신발 빈티지인 줄 알았거든? 오늘 보니까 진짜 낡은 거더라, 이러더라고요."

"그래서? 사내는 외양에 신경 쓰는 거 아니다."

고등학교 다닐 때는 휴대폰 갖고 싶다고, 친구들 대부분이 있는데 저만 없다고…

"집에선 집 전화 쓰고 밖에선 공중전화 쓰면 되지, 웬 휴대폰."

그러자 카운트다운이 시작됐다

"어머니 우리 반에 휴대폰 없는 애 열 명뿐이에요."

"열 명 중에 넌 마지막이 될 거야."

"일곱 명 남았어요."

"셀 필요 없어 어차피 졸업 후에 사줄 거니까."

"세 명이에요. 그냥 제 돈으로 살래요."

"그래라. 단 요금도 네가 내라."

"용돈도 고것밖에 안 되는데."

"그러니까 조금만 참아. 졸업 선물로 좋은 거 사줄게."

마침내 졸업할 때는 좋은 거 고르라니까 오만 원짜리 기획 폰 샀다. 기특하기보다 한숨이 나왔다. 가끔은 욕심도 부려야지. 이 버전을 둘째한테도 써먹었다. 한술 더 떠서

"네 형도 졸업 때 사준 거 알지?"

입 벙긋도 못하게 했다. 그것 또한 못 할 짓 한 게 됐다. 마침내 휴대폰 개통한 아들에게 친구들이 서로 0번 해줘라 1번 해줘라 하더란다. 그래서 너희들한테 나는 몇 번이냐? 했더니 외울 수 있는 단축번호는 이미 포화여서 번외라고 했다나.

상심한 아들, 친구들 이름을 단축키 없이 자음으로만 입력해놨다. 친구뿐 아니라 내 이름도 ㅇㅁㄴ이다. 누군지 다 기억하냐고 물으니 자주 통화하는 사람은 당연히 알고 기억나지 않는 생소한 자음은 연락하지 않아도 상관없는 정도의 관계로 생각기로 했다고…

아들아 온갖 행운 다 너에게 주마, 7번이다!

아~~ 내가 저지른 그 많은 시행착오여!

TV를 보다가

멜로디 하나 귀에 착 감겨 온다.
TV에서 가전제품 광고 중인데 가전제품이 아니라 배경 음악이 나를 끌어당긴다.
무슨 곡이지?
'엘지 시그니처 광고 음악' 검색하니 친절한 블로거가 이탈리아의 피아니스트 루도비코 에이나우디의 Primavera라는 곡이라며 그의 다른 곡까지 추천해 놨다. 매일 TV 앞에 앉아 이 광고를 봤다면 그냥 흘려들었을지도 모른다. TV를 잘 안 보는 나는 문화 문맹인이다. 어쩌다 TV를 보면 서울 구경 온 촌놈처럼 광고뿐 아니라 뉴스 진행조차 신선하다.
평균 시청률에 내 기여도는 얼마쯤일까?

TV가 막 보급되던 시절 우리 집엔 TV가 없었다.
동네에도 몇몇 집만 TV가 있어서 우리는 떼로 몰려다니며 오늘은 이 집으로, 내일은 저 집으로, 밤마다 만만한 집을 돌며 대문 앞에서 테레비 좀 보여 주세요~~ 떼창을 했다. 아무리 외쳐도 깐깐한 집의 대문은 결코 빗장을 여는 일이 없었다. 인정스러운 몇 집이 문을 열어 주곤 했는데 마술상자에 중독되어 남의 안방에 비집고 앉아 시큼한 땀 냄새, 발 고린내로 폐 끼쳤으니 TV가 있던 집은 얼마나 성가셨을까. 그러다 마침내 우리 집 안방에도 TV를 모셨다. 1980년이었다.

어느 해, 창밖에서 노래하는 새소리가 귀를 당겼다.
매끄럽게 윤이 도는 새소리를 듣는 순간, 나는 오스카 와일드의 거인처럼 창문을 열었다. 창가에 따뜻한 햇볕이 너울거렸다. 봄이었다. 기나긴 겨울 동안 TV를 한 번도 켜지 않았다는 걸 봄 새가 알려 줬다. 햇빛 속으로 나와 보라고 재재거리는 봄 새의 노래 속으로 숨 막혔던 그해 겨울이 지나가고 있었다. 88년 봄이었다.
이사를 했다. 물 귀한 집에서 물이 풍족한 집으로 이사했다. 마을 끝자락 산 밑에 있는, 바로 옆집과 백 미터쯤 떨어진 외진 집이었다. 우리가 이사 가기 전까지 2년간 비어있던 폐가였다. 물은 흔한데 낯선 동네 외진 집이 나를 숨죽이게 했다. 저녁 다섯 시만 되면 문이란 문은 모조리 잠그고 걸핏하면 말문 트인 두 살과 네 살 두 아이의 입을 다물게 했다.
"조용히 해 봐. 지금 밖에서 무슨 소리가 난 거 같아."
TV도 켜지 않은 채 밖에서 들리는 소리에 귀를 쫑긋 세우고 살던 더디게만 오던 그 집의 아침.
밤마다 환한 햇살이 얼마나 그리웠는지!

창문이 훤해 오면 그제야 밤사이 폐에 고인 숨을 토해내고 새 아침의 산소를 흠뻑 들이켜며 다시 하루를 살았다.

어느 날 배달을 갔다.
배달 간 집 거실 TV에 화면 가득히 국화가 덮인 장례식이 중계되고 있었다. 예사로운 장례가 아닌 것 같았다.
"누구 장례식인데 저렇게 거창하대요?"
"그걸 몰라서 묻는 거예요?"
"네!"
어이없음, 어이없음 하던 뜨악한 표정.
"북한에서도 조문 온 마당에 간첩이라도 알 텐데 정말 몰라요?"
"북한에서요? 대체 누구길래…"
누구일까요?
현대그룹 정주영 회장님의 장례였습니다.

TV를 전혀 안 본 것은 아니다.
그저 켜져 있는 TV를 스치듯 볼 뿐 일삼아 보진 않는다. 보려 해도 그만 보라고 금세 눈꺼풀이 눈을 가린다.

어느 날 친한 동생한테서 전화가 왔다.
"언니, 우리 피난이라도 가야 하는 거 아냐?"
"뜬금없이 전화해서 웬 피난?"

"포격하고 난린데 그냥 있을 거야?"

"누가 누굴 포격하는데?"

"아이구 언니, TV 좀 봐봐. 그래야 세상 돌아가는 걸 알 거 아냐"

그래서 통화 상태로 옆 가게로 갔다. TV에 어떤 세상이 와 있나, 하고. 연평도가 피격됐다고 아나운서 음성이 고조되어 있었다.

"먼 얘기네, 내 마음이야말로 지금 연평도다"

"……"

TV를 안 보니 험한 세상에 눈 어두워 마음 편하더라.

동반자

여름 지난 제라늄이 지저분하다.

시든 꽃잎을 정리하고 손 씻었더니 손에 묻어온 꽃잎이 대야에 고운 화색으로 동동 뜬다. 이쁘구나, 찰칵.

물 위에 뜬 꽃잎을 찍고 보니 눈으로 의식 못 한 장면을 카메라가 담았다. 선명하게 찍힌 대야 양 옆구리에 찌그러진 자국. 묵은 기억을 슬그머니 불러온다.

예전엔 김장을 한 접씩 했다.

반찬이라기보다 주식이나 다름없었다. 겨우내 김치만두 넉넉히 빚어 나눠 먹고 김치부침개도 하고 비빔국수에도 송송, 잔치국수에도 송송, 김밥도 김치소를 넣어 만들었다. 김장을 두 집 몫을 했는데 먹을 입은 여럿에 담그는 건 혼자 해내자니 한 번에 다 하긴 벅차 세 차례 나눠서 했다. 큰애 가져선 만삭에 김장하고 보름 뒤 몸 풀었다. 애써 담근 김장을 입이 얼얼해 먹지도 못했다. 대야의 상처는 둘째 돌 지난 지 얼마 안 됐을 때 생긴 것이다. 둘째는 유독 낯가림이 심했는데 김장 버무리는 날 방에 떼어 놓고 뒤꼍에서 배춧속을 넣자니 아이가 칭얼거린다. 뒤이어 안에서 터져 나오는 소리.

"애 울어요!"

양념 범벅인 고무장갑을 벗고 들어가 젖 물려서 토닥여 놓고 다시 속 넣는데 얼마 못 가 또 칭얼칭얼.

"애 울어요. 빨리 와 젖 줘요!"

부랴부랴 장갑 벗고 뛰어 들어가 또 젖 물리고…

속 넣다 젖 물리다…

둘째가 왜 우는지 안다. 배가 고파서라기보다 평소 살갑지 않은 사람과 같이 있는 것이 불안한 것이다. 그 집은 화장실이 바깥마당 끝에 떨어져 있는 시골집이었는데 평소 화장실만 가도 아이는 울고 기껏 한다는 소리가 "애 울어요, 빨리 나와요!" 기차 화통이다.

"언내가 울면 어르고 달랠 일이지. 일보는 사람헌티 왜 저러구 악을 쓴댜~"

밭에서 일하며 훈수 뒀다가 뒤통수로 어지간히 눈 흘김 받았던 옆집 아주머니. 오늘 또 누구 먹을 김장을 하며 이 속을 끓이나. 미주알고주알 가려봤자 입만 아플 일. 머리 위로 뿔이 솟았다. 절인 배추를 몽땅 뒤꼍 장독대에 엎어버렸다. 조금씩 덜어 놓고 속 버무리던 대야도 있는 힘을 다해 장독대에 패대기쳤다. 콘크리트 사각진 장독대 모서리에 정통으로 부딪친 스텐 대야. 고추 양념 묻은 옷 그대로 우는 아이 덥석 업고 큰아이 손 잡고 벌컥 문 열고 뛰쳐나왔다.

호기롭게 박차고 나오긴 했는데…

갈 곳이 없구나!

겨울 해는 뉘엿뉘엿 저무는데 정거장서 서성이자니 큰아이가 춥다고 동동거린다. 대중탕을 찾아 들어갔다. 해변에라도 놀러 온 양 참방참방 물장구치는 아이들. 두 시간 남짓 참방거리니 처음엔 "하, 고놈들…" 하던 어른들이 슬슬 "이런 놈들 같으니라고" 하는 눈초리로 변해간다. 목욕탕서 쫓겨나기 직전 자진 철수하고 또 갈 곳이 있어야지.

그냥 집이라는 곳으로 왔지. 나가기 전과 똑같이 다이아몬드 박힌 티브이 켜져 있던 공간으로. 패대기친 배추? 다음날 다시 씻어 씁쓸하게 버무렸지. 씁쓸함을 보탰더니 그해 김치가 그렇게 맛있다고들…

그날의 기억을 간직한 채 망치로 우그러진 곳 대강 펴서 긴 생을 같이 하고 있는 개수대 설거지 그릇.

대야 너, 이제 그만 헤어질까?

키다리 아저씨 1

　자랄 때 나는 이사라는 걸 거의 모르고 살았다. 어릴 때 두 번 이사한 후로는 낡았으나 눈치 볼일 없는 '우리 집'에서 쭈욱 살았다. 그러다 어머니 품을 떠나 새로 둥지를 틀면서 부초처럼 떠돌기 시작했다. 불을 안 켜면 들어서자마자 눈 뜬 봉사가 되던 창문 없는 방이 부초의 시작이었다.
　새로 장만한 가구와 이질적인 대조를 이루던 얼룩진 벽지와 보일러 선 따라 갈색 자국이 나 있던 방바닥, 집 뒤 담벼락에 잇대어 들인 그 방의 어둠보다도 암담했던 것은 붉은 녹물이 나오던 수돗물이었다. 그 물을 가라앉혀 보리차를 끓였다. 다행이랄까.
　그 집에서 두 달을 살고 이사를 했다.

　두 번째 집은 세놓으려고 시골집을 개조 계획 중인 집이었다. 인천에서 갑작스레 이사 온 오지 같던 동탄. 공사를 시작하지도 않은 집 광에 짐을 부려 놓고 공사가 끝난 두 달 후에야 완성된 방에 짐을 들였다. 이 집은 물이 너무 부족했다. 주인 혼자 쓰던 우물 하나를 갑자기 불어난 여섯 가구의 세입자가 함께 쓰니 아끼고 아껴 써도 설거지하다 말고 물 끊기는 일도 있었다. 빨래는 단 한 번의 예외도 없이 냇가에서 했고 물이 딸릴 땐 샤워도 냇물을 길어다 씻었다. 어느 땐 양치할 물조차도 안 나와서 다른 집에 세 사는 이웃에게서 주인 몰래 물 한 주전자씩 가져다 양치하기도 했다.

그 집에서 아이가 태어났다.
사십 년 만의 한파라던 87년 겨울이었다.
기저귀를 빨려면 도끼를 들고 냇가로 가야 했다. 다음날이면 전날 깨부순 얼음 조각까지 엉겨 붙어 더 견고해진 얼음덩이에 더 힘껏 도끼질을 했다.
부서져라, 부서져라, 뿌셔져라!
아기 낳은 일주일 후부터였다.

둘째까지 태어나고 바삭바삭 속이 마르던 여름.
동네 사람 다 모이던 느티나무 그늘에서 눈이 번쩍 뜨이는 얘기를 들었다.
"그 집이 전세 500에 세줬던 집인데 2년째 비어있어서 200으로 내렸는데도 안 나간다니께."
뒤쪽에 모여 있던 어르신들 사이에서 오가는 얘기였다.
"그 집이 어디 있는 거예요?"
"저~~기 뒤뜸이에 있어. 동생네가 양옥집 지어 나가면서 세줬던 집인데 독채라서 눈치 안 보고 애 키우기도 좋을 건데…"

살고 있던 곳에서 뒤뜸이는 멀지 않은 곳이었다.

친한 이웃한테 그 집에 가보자고 했다.

"그 집은 왜?"

"가보고 괜찮으면 이사 가게"

"2년씩이나 비어있다면 문제 있는 집 아닐까?"

"어쨌든 가보자."

뒤뜸이란 동네에서 토박이인 집주인 이름 대니 바로 집을 알려줬다. 닫혀 있는 대문을 미는 순간 끼이이이익, 오랜만에 대문이 관절 펴는 소리에 내 등줄기에선 으스스스 소름이 지나갔다. 해도 이우는 저녁, 대문 삐걱대는 소리에 놀란 이웃이 그냥 돌아가잔다. 기왕 왔으니 들어가 보자고 손을 꽉 잡았다. 지은 지 육십 년 된 집. 두 개의 아궁이가 입을 쩍 벌리고 있던, 그을린 벽은 온통 숯검댕이었던 그 집.

"아유 귀신 나오겠다, 그냥 가자."

이웃의 채근에도 아랑곳없이 수도꼭지를 돌렸다.

좌아아악~ 시원하게 물이 쏟아졌다.

"이사 와야겠다."

"뭐어? 이런 집에서 살겠다고?"

"사람 살던 집이라잖아. 방도 두 개에 물도 잘 나오고 이사 와야겠어."

"다시 생각해 봐, 난 이런 집에선 거저 살래도 못 살아."

이사 가야 해!

다른 집은 모두 식구가 넷이고 우리만 두 식구일 때 똑같이 내는 거라며 전기 요금 1500원씩 똑같이 걷다가 아기가 있으니 물 한 바가질 써도 더 쓰고 전깃불도 더 켠다며 500원씩 더 받던 집. 걸핏하면 손녀를 나한테 맡겨두고 볼일 보러 다녀서 어느 날 장난삼아 차도로 달아나는 손녀를 붙잡으려 뛰다가 유산될 뻔했던 집. 오래전 공포스럽게 읽었던 '푸른곰팡이의 습격'이라는 만화가 재현되던 집. 내 형편이 여의치 않다는 걸 안 뒤로 "먹어 봐, 며칠 올렸더니 이제 찍어 보지도 않네. 버리긴 아깝잖어" 하며 갖다 주던 상에서 먹다 남은 음식들.

나중에 먹을게요, 했더니 깔끔한 척 버리지 말구, 하던 집. 이사 가겠어!

근처에 새로 집 지어 살고 있는 주인댁을 찾았다.

"저 위에 있는 집 세놓는다고 들었어요. 아직 안 나갔으면 저희가 이사 와도 될까요?"

"새댁이 살 거유?"

"네."

나를 아래위로 훑어본 아저씨.

"새댁은 못 살 것 같은데, 집이나 가보고 얘기하슈~"

"보고 왔어요 집이 나간 게 아니라면 저희 주세요."

"그 집을 보고도 이사 오겠단 거요?"

"네!"
"이사 오겠다면야 우린 좋지만… 정말 이사 올라우?"
"네!"

그날 이후 그 아저씨는 오늘의 인연으로 이어져 주인아저씨라 불리다가 이사 나온 지가 언젠데 어머닌 아직도 주인아저씨라고 부르세요, 하는 아들 말에 지금은 ㅇㅇ할아버지로 부르는 키 작은 키다리 아저씨

키다리 아저씨 2

　새로 이사 갈 집의 방 두 개 중에 한 개를 연탄보일러로 바꾼 뒤 우선 이사부터 하고 다음 날부터 눈 뜨면 잠자기 전까지 청소를 했다.
　콘크리트 덮인 뒤꼍, 안마당, 바깥마당에 전에 살던 사람이 키웠다는 개, 토끼, 염소, 닭 등의 분뇨에 엉겨 붙은 털들이 보온 덮개처럼 푹신하게 깔려 있었다. 장마 통에 이사 와 날마다 뜯어낸 가축우리를 한쪽에 쌓아 놓고 장대비가 쏟아지면 불을 질렀다. 힘찬 빗줄기 속에서도 노린내를 풍기며 기세 좋게 타오르는 불길 옆에서 비에 불은 분뇨를 긁어내고 긁어낸 자리는 말 통들이 크레졸을 뿌려 닦아내고, 닦아내고, 닦아내고…
　비위 약하다던 말은 옛말이 되고 질퍽거렸던 그 여름의 훈장으로 무좀을 남겼다. 검게 그을린 벽에 페인트도 칠했다. 분명 흰 페인트를 칠했는데 벽은 진회색이 되었다. 마른 뒤에 두 번째 도색하자 회색이 되고 세 번째 칠하고 나서야 비로소 깨끗한 흰 벽이 되었다. 허름한 외진 집에 살자니 공연히 불안해서 방 창문에 5cm 간격으로 촘촘히 창살을 덧댔다.

나는 스스로 갇힌 수인이었다.

불안은 가시지 않아 친정에서 키우던 개 세 마리를 데려다 집 귀퉁이마다 묶어 놓고 24시간 보초를 세웠다. 그러고도 편히 잠들 수 없어 옆집에서 오함마를 빌려왔다. 누구든 걸리기만 해 봐라, 그냥…

아무도 못 보게 뒤꼍에서 수련을 시작했다.

퍽 퍽 쿵 퍽…

그다음엔 안마당에서 퍽 퍽 쿵 퍽…

나중엔 바깥마당으로 진출 퍽 퍽 퍽…

급기야 지나가던 동네 아주머니가 쫓아왔다.

"아니 멀쩡한 공구리 바닥은 왜 죄다 작살을 낸댜."

"꽃 심으려고요."

"쇠꼬챙이도 안 들어갈 땅에 뭘 심는다고 그랴."

"심심해서 그냥 심어 보려고요."

"하이구 되도 안 햐, 생땅에 뭔 꽃… 쯧쯧"

꽃이 자랄지 안 자랄지는 나중 일이고 낮에 몸을 혹사했더니 누우면 바로 죽음 같은 잠에 빠졌다. 깨부순 콘크리트 조각은 자꾸 헐어내리던 마당 끝에 둑을 쌓고 뒤 산골짜기에서 돌덩이들을 세발자전거에 싣고 와 화단 둘레를 만들었다. 콘크리트 걷어낸 마당은 그냥 돌밭이어서 호미로 감자 캐듯 캐낸 돌이 무덤 하나 생겼다. 이 돌들로 마당 가에 쌓아둔 흉한 콘크리트 더미를 덮어줬다. 돌 캐느라 새 호미를 여러 개 닳린 뒤, 산비탈에서 부엽을 긁어다 육십 년 굳은 흙에 섞어 줬다. 그리고 길 가다 눈에 띄는 꽃씨를 받아 뿌렸다.

패튜니아, 채송화, 봉숭아, 수레국화…

모종도 심었다.

엉겅퀴, 민들레, 제비꽃을 심자 풀때기는 뭐하러 꽂았냐고 훈수 들어온다. 집 세 귀퉁이에 세운 보초병들은 매일 영양덩어리 똥을 생산하는 이쁜 짓을 했다. 개들이 똥을 싸면 진심 기쁜 마음으로 꽃 사이사이를 파고 묻어 주었는데 한 번 묻은 자리는 되파는 낭패를 면하기 위해 과학적인 방법을 동원했다. 자양분이 묻힌 최종 자리에 막대기를 꽂아 다음 꽃이 제 몫을 차지할 수 있게 했다.

꽃이 피기 시작했다.

풍성하게, 점점 더 흐드러지게 피었다.

귀신이라도 나올까 봐 피해 가던 폐가는 이른 새벽부터 우리 보초병의 득음을 부르는 사람들의 꽃길 산책로가 되었다.

키다리 아저씨 3

이사 간 집 둘레는 주인댁 밭이었다.

이사한 얼마 후 주인 내외분이 밭매는 걸 보고 호박 부침개를 해서 시원한 물과 가지고 나갔다.

"땡볕에 덥겠어요. 부침개 했는데 많길래 좀 내왔어요. 맛 좀 보세요."

"안 그래도 출출하던 참인데 잘 먹겠네. 새댁이 오더니 집이 집 같아지네, 살만 허우?"

"네, 집이야 치우면 되니까요, 너무 좋아요."

"젊은 사람이 신실하네, 오래 살아요."

"저도 오래 살고 싶어요."

두런두런 나누면서 같이 풀을 뽑았다.

"아이고 풀은 놔둬요, 힘든데."

"저도 시골 사람이라 이런 일 잘해요."

산 아래 첫 집인 이 집 뒤엔 암반 사이로 퐁퐁 솟는 샘이 있었다. 그 물은 외부 물이 스며들지 않게 옹벽을 쳐서 PVC 관을 연결해 집

안으로 끌어 썼는데 처음 맛보는 사람은 누구라도 한 번쯤 캬~~ 소리를 절로 흘리게 되던 그 집 아닌 어디서도 맛볼 수 없는 단물이었다. 도원의 물맛이 있다면 이런 맛 아닐까. 그래서 그 동네 많은 사람이 물을 길으러 왔는데 우리가 오기 전엔 집이 너무 더러워서 물 긷는 발길이 뚝 끊겼었다고, 다시 물 뜨러 오기 시작한 사람들이 전해줬다. 마당 가 은행나무 평상에도 이 사람 저 사람 모여들고 가게 아주머니가 그 집은 이제 우리 집이나 진배없다고 서류 없는 등기를 해줬다.

그런데 2년도 못 살고 머나먼 군산으로 이사 갔다. 아쉽다. 너무 아쉽다. 떠나기 전에 주인아주머니가 우리 식구 수대로 내복을 사 들고 오셨다.

"어디가 살어두 내 안 잊을 거야, 가서 잘 살어."

하며 내 손을 꼭 잡으셨다. 주인과 세입자로 일 년 반의 인연이 끝났다.

'이사'와 나는 아무래도 혈연 지간인가 보다.

군산으로 간지 딱 일 년 만에 세 살던 집이 팔려 다시 이사했다. 그리고 이사한 곳에서 두 달 살고 머나먼 옛 동네로 다시 이사 가게 됐다. 군산에서 경기도로 방 구하러 가기도 쉽지 않아 옛 주인님께 전화를 했다. 이만저만하여 그 동네로 다시 이사 가야 하는데 방 좀 대신 알아봐 주실 것을 부탁했다.

그러자 아주머니에게서 전화 바꾼 아저씨,

"구하긴 어딜 구해. 살던 집으로 오면 되지."

이게 무슨 소리야!

"어머나! 그 집 비어있어요?"

"사는 사람이야 있지만 내보내면 돼."

"그게 가능…해요?"

"아 동생 들어온다 하고 내보내지 뭐."

"그래도 되나…?"

"걱정 말고 이사 올 날짜나 말해, 애여 딴 데로 이사 헐 생각허지 말고."

"네…"

그 집에 살던 사람한텐 미안했지만

"아유, 제집으로 다시 왔구먼. 잘 됐네, 잘 됐어."

가게 아주머니가 그렇게 말하던 그 집으로 다시 왔다. 놀라운 건 이사 갈 때 주요 우편물만 주소를 이전해 놓고 판촉물들은 굳이 변경하지 않았는데 어느 날 우체부 아저씨가 일 년 치 쌓인 우편물을 모두 들고 오셨다.

"어머머 우리 이사 온 거 어떻게 아셨어요?"

"전화 이전 엽서 보고 알았지요"

우아! 직업 정신, 아니 그 정성…

대체 그 꾸러미를 어디 보관했다 가져오셨을까? 이사 가기 전에 기껏해야 일 년에 두 번 명절에 양말 두 켤레씩 드렸을 뿐인데…

주인아저씨 밭 갈더니 고르게 다듬어 놓고 뭐라도 심어봐 하시며 '뭐'를 주신다.
열무 씨, 상추 씨, 시금치 씨…
고추 모, 오이 모, 가지 모…
아주머니 틈만 나면 날 보고
"집 살 때꺼정 애여 이사헐 생각 말어. 이 집에서 나갈 땐 집 사갖고 나가."
그 말씀대로 아파트로 이사할 때까지 십사 년을 내 집인 양 꾹 눌러살았다. 떠나온 후에도 명절 때면 꼭꼭 인사드렸는데 집 때문에 복잡했던 몇 년 전 일억 원을 선뜻 빌려주던 나의 키다리 아저씨와 아주머니.
얼마 전 추석에도 찾아뵀더니 하시는 말씀
"일 좀 쉬어가메 해. 집안에 무슨 일 있으면 꼭 알리고."
친정 갔다 오는 기분이다.

가벼운 이야기

나 아홉 살 때 소꿉놀이하듯 밥을 지었다.

그 해에 동생이 소아마비를 앓았다. 행상하던 어머니는 여느 때보다 일찍 들어와 산 너머 먼 동네로 동생 침을 맞히러 다녔다. 침 맞힐 돈을 마련하려고 책상을 팔고 항아리를 팔고 돌아가신 아버지 양복까지 팔았다. 저녁마다 동생을 업고 침 맞으러 가면 밤이 깊어서야 기진해서 오셨고 그때부터 밥을 지어 늦은 저녁을 먹었다.

어느 날, 그날도 맥없이 어머니를 기다리다 문득 밥을 해야겠단 생각을 했다. 대강 씻은 보리쌀을 솥에 안치고 화덕에 불을 피웠다. 구수하게 익어가는 보리밥 냄새. 밤 깊어 어머니를 맞이하는 내 가슴은 뿌듯했다.

"밥해놨어요."

"네가?"

솥뚜껑을 열어본 어머니

어머이나! 벌어진 입이 다물어지지 않는다.

같이 들여다본 나,

"이게 다 뭐래?"

다음날까지 먹겠단 생각으로 어머니 밥그릇으로 네 사발, 내 것과 동생 밥그릇으로 각각 네 사발씩 보리를 똑 알맞게 담아서 했는데 그 큰 솥에 보리밥이 한가득이었다. 내일까지 먹는다 해도 너무 많았다. 손가락을 찔러가며 밥물을 넉넉히 붓는 건 봐 뒀는데 물의 양만큼 밥이 불어난다는 건 몰랐으니…

어머니 웃으며

"다 컸구나, 어디 먹어 보자."

상에 둘러앉아 밥을 먹는데 어머니 한입 넣더니 으지직…

나도 한입 으적…

헉! 보리밥이 아니라 돌밥이었다.

지금처럼 곡식을 석발기 거치는 것도 아니고 조리로 노련하게 쌀쌀 일어도 돌 씹기 일쑨데 일지도 않은 보리를 불만 때면 밥이 되는 줄 알았으니

"이를 어쩐다."

궁리하던 어머니, 보리밥을 쌀 일듯이 물에 일어서 다행히 돌은 안 씹히는 물젖은 저녁을 먹었다.

보리밥을 물에 말면 씹는 수고도 필요 없다. 수리 술술 그냥 넘어간다. 그나저나 어마하게 많은 밥이 큰일이었다. 냉장고도 없던 시절, 대소쿠리에 수북이 퍼서 통풍되는 시렁에 올려놓고 쉴까 봐 다음 날도 그다음 날도 화덕에 연신 되잦혀 났다가 먹었다.

그날을 시작으로 어머닌 이제 밥 짓기를 시켜도 되겠다 싶었는지

조리질하는 걸 제대로 가르쳐 주셨고 저녁은 으레 내가 하게 되었다. 그 얼마 후 참비름 나물을 뜯어서 첫 반찬도 만들었는데…

깨끗이 씻어서 팔팔 살아있는 싱싱한 나물을 고춧가루 조금 간장 조금 넣고 무쳤다. 첫 반찬을 맛보신 어머니, 고추장 좀 넣으면 더 맛있겠다 하시고는 고추장에 버무려서 풋내나는 걸 겉절이처럼 먹었다.

나중에야 하시는 말씀

"비름나물은 끓는 물에 데쳐서 무쳐야 더 맛있어"

다행히 동생의 다리는 완치되었고 나는 일찌거니 살림을 맡았다.

생각건대 나는 어려서부터 왜 시키지도 않는 일을 했을까. 고생해도 참 싸다.

자기 주도적인 삶

내가 자란 마을은 이름만 도시일 뿐 시골이나 다름없는 도시 변두리였다. 시골에선 푸성귀 대부분을 자급자족한다. 흔하디흔한 게 푸성귀 같아도 땅 한 떼기 없는 우리 집과는 상관없는 지천이어서 어머니는 이웃집에서 도지를 얻어 농사를 지었다. 도지로 빌린 땅은 대체로 산 그늘 아래 묵정밭이거나 집에서 멀리 떨어져 관리되지 않은 척박한 땅이었다. 어머니는 아궁이에서 나오는 재에 물을 뿌려 꾹꾹 눌러 모았다가 밭에 내었고 뒷간의 인분도 직접 퍼 날라 땅심을 돋웠다. 땅심이 붙어 채소가 실해질 만하면 어김없이 땅 주인이 도지를 끊었다. 그때마다 어머닌 다시 다른 집 땅을 얻었고 얼마 안 가 반납할 것을 알면서도 땅에 공들이는 것을 소홀히 하지 않았다.

어머니는 자주 나를 밭으로 데리고 다녔다. 풀 매는 것부터 삽으로 파는 일, 나라시로 고르게 다듬는 일, 씨 뿌리기, 모종 내기 등을 가르치며 입버릇처럼 말씀하셨다.

'도둑질만 빼고 다 배워라.'

일 품새를 일러 주신 뒤 내가 어느 정도 흉내 낼 수 있게 되자 웬만한 건 나 혼자 하도록 했다. 얘, 고구마 모 타 죽겠다, 물 좀 길어다 줘라. 아무개 집에서 파 모 준단다. 가져다 너무 잔 건 빼고 실한 걸로 골라서 모내라. 장마 지면 감자 썩는다, 모두 캐라. 추워진단다, 얼기 전에 무 뽑아서 들여놔라.

심어라 풀 매라 거둬라.
내 보기에 어머니는 늘 일에 치여 동동거렸으므로 어머니가 하라는 일은 징그럽게 하기 싫은 날이었다 해도 묵묵히 할 수밖에 없었다. 다행인 것은 나는 흙 만지고 가꾸는 것을 좋아했다. 밭에 일하러 갈 때면 책도 하나 챙겨 가서 일하는 짬짬이 밭고랑에 누워 하늘을 보며 책 몇 쪽 읽는 순간도 좋아했다. 그렇게 밭일을 하다 삶에 지표가 되는 길잡이를 얻었다. 어느 해 김장 심을 밭을 파고 있었다. 고랑이 아주 긴 밭이었다. 파도 파도 도무지 파야 할 땅이 줄지 않는 것 같았다. 8월 땡볕에 무기력하게 지쳐갈 즈음 반짝 꾀가 났다. 파야 될 부분이 몇 걸음이나 되는지 밭고랑 이 끝에서 저 끝까지 걸음 수를 세었다. 그리고 되돌아오며 전체 걸음의 2분의 1지점에 삽으로 금을 그었다. 다시 2등분 된 땅의 중간에 금을 긋고 네 조각으로 나뉜 땅의 중간에 또 금을 그어서 한 필지의 땅을 여덟 등분으로 쪼갰다. 그리고 파기 시작했다. 한 칸 끝냈으니 일곱 칸만 하면 된다. 여섯 칸, 다섯 칸, 절반···
저 긴 고랑을 언제 다 파나, 줄긴 주는 건가 하며 막막하던 일이 한 칸 한 칸 해낸 일의 성과가 뚜렷하니 힘도 덜 들고 일도 빨리 끝났다.

어른이 되어 더러 복잡한 일이 있을 때, 땅을 분할하듯 큰 덩어리의 일을 선과 후, 중요한 것과 덜 중요한 것으로 분리해서 보는 습관이 생겼다. 한 아름에 안고 주저앉을 것이 아니라 내가 안을 수 있는 만큼 안고 감당하는 쪽으로 일을 풀어 본다. 설사 기대한 만큼의 결과에 이르지 못해도 내가 할 수 있는 최선이었다 자위하며 크게 미련 두지 않는다.

언젠가 어머니가 나는 기억에도 없는 흘러간 얘기를 꺼내셨다. 맨날 밭에 가서 뭐 해라 하는 대신 공부하란 소리 좀 들었으면 좋겠다고 해서 마음이 아팠단다. 그런데 그럴 수가 없었단다. 안다. 공연히 어머니 가슴에 못질이 된 그럴 수밖에 없던 세월이었다. 공부해라 공부해라 했다 해도 내 삶이 그리 달라지진 않았을 것이다. 나라는 그릇은 그저 이만큼인 것이다. 그때 일하며 체득한 경험치가 오늘을 살게 한다.

지금의 나를 세워준 인생아,
때로 네가 고맙다.

추억은 지나간다

그림 참 좋아한다.

'그림'이란 말을 입에 담기만 해도 가슴이 두근거린다. 그릴 종이도 귀하고 변변한 크레파스조차 없던 때부터 그림을 좋아했다. 어린 꼬맹이가 그림을 그렇게 좋아한 걸 보면 어머니나 아버지도 그림을 좋아하셨을까? 꼬맹이 여섯 살에 아버진 다른 세상으로 가셨으니 아버지도 그림이 좋아요? 물어볼 기회가 없었고 어머닌 오직 새끼들 굶기지 않겠다는 일념으로 밤을 낮 삼아 일에 묻혀 사셨으니 묻는다 해도 그 대답은 어머니도 못 했을 것이다. 미술 수업이 없는 날도 스케치북을 들고 다니며 하굣길, 들길에 앉아 그림을 그렸다. 학년 초마다 선택하는 특별활동은 생각할 것도 없이 언제나 미술반이었고 겨우 입상권에나 들 정도였지만 해마다 사생대회는 꼭꼭 참가했다. 상장을 받아와도 반겨줄 사람이 없던 빈집. 공부 잘한 언니가 상장받으면 그랬던 것처럼 나도 머리맡에 상장을 밥풀로 붙여놨다.

"한밤중에 집에 오니 상장을 머리맡에 붙여놓고 자고 있더라. 다른 집 같으면 상 받았다고 칭찬받았을 걸 혼자 붙여놓고 자는 거 보니 그냥 가심이…"
 언젠가 어머닌 그런 얘기를 꺼냈다. 많은 시간이 지났는데도 그 얘길 꺼내는 어머닌 여전히 가슴을 눌렀다.

 어느 해 추석 무렵, 벽지 살 돈이 없어 신문지로 도배된 벽을 벽지보다 싸고 신문지보다 깨끗한 마분지로 도배를 새로 했다. 온통 새하얀 방에 누워 있자니 벽이 자꾸 눈짓한다.
 '이 하얀 도화지에 너의 꿈을 그려 봐. 그려 봐, 어서.'
 난 유혹에 약한 아이였어.
 그랬지.
 우리가 살던 초가집을 그리고 박 넝쿨도 그대로 지붕에 얹어주고 현실은 창문 없는 집이었지만 창문도 하나 내고 꿈꾸듯 창밖을 내다보는 나도 그려 넣었어, 예쁘게. 그림인데 뭔들 못하겠어? 저녁에 어머니가 보면 좋아하시겠지?
 다음 날은 다른 벽에 눈이 별처럼 반짝이는 오데트와 백설 공주를 그렸지. 세 번째 벽화 완성 후 추석이 되었어. 모처럼 한가하게 마주한 어머니,
 "얘, 곰아 그림이 참 이쁘다. 근데 담에 도배하면 그때는 그리지 마라."
 화사한 꽃무늬 벽지는 못 할망정 무수한 얘기가 시끌시끌 쏟아지는 신문지 대신 깨끗하고 조용한 방을 갖고 싶었던 어머니 속도 모르고 사방에 크레파스 난장을…

그림은 언제나 갈증의 대상이었다.

하도 그림 공부하고 싶다고 노래하니 어머닌 형편 좀 나아지거든 하라고 했지만 형편이 나아지기 전에 어른이 되었다. 오랜 시간 처칠은 나의 멘토였다. 처칠은 육십부터 그렸다잖아, 아직 희망이 있어

마침내 희망의 날이 왔다.

쌀 배달하던 어느 날, 화방 유리문에 붙여 둔 수채화가 눈에 띄었다.
- ㅇㅇㅇ 아뜨리에 회원 작품 - 그림 회원을 모집하는 안내문이었다.
아마추어 그림만 봐도 두근두근…
망설이고 망설이다 전화했지
"저어… 그림을 전혀 모르는데 배울 수 있을까요?"

일주일에 한 번, 화실에 나가기로 하고 두근두근 이젤을 사고, 두근두근 붓을 고르고, 까만 화구 가방도 사고, 빨주노초 물감이 덕지덕지한 화실의 이젤을 보며 언젠가 내 이젤도 그리되길 소망했다.

화실에서의 시간은 눈 깜짝할 새 지나갔다.

집에서는 그릴 시간이 없으니 화구를 차에 싣고 다니며 배달과 배달 사이 간극을 한적한 곳에 차를 세우고 스케치를 했다. 그림 그리는 이들만의 연필 쥐기를 하는 것도 흐뭇했다. 화실 멤버들 틈에 끼어 채색하다가도 쌀이 급하다는 전화를 받으면 체면불구, 염치불구 벌떡 일어나 배달하고 와 다시 붓을 잡았다. 그래도 '행복'했다. 그린다는 건 오랫동안 꿈꾸던 일이었으니까.

그런데 그리면 그릴수록 자괴감에 빠졌다. 그동안 내 눈은 좋은

그림을 너무 많이 봤고, 높아진 눈높이에 실력은 못 미쳐 행복한 시간이 슬슬 머리 쥐어뜯는 시간이 되었다.

어느 일요일, 한숨 쏟아내는 나를 본 아들.

"어머니, 다른 사람의 그림과 비교하지 마시고 어제의 어머니, 한 달 전의 어머니를 생각하세요. 그때보다 지금이 뚜렷이 나아졌잖아요. 한 달 후, 그리고 일 년 후엔 지금보다도 훨씬 잘 그릴 거예요."

그렇구나, 어제의 나보다 나아지면 되는 걸.

아 부끄러워라…

다시금 내 행복을 일깨워 준 인생 스승, 아들! 그것은 6개월간의 행복이었다. 쌀가게에서 슈퍼로 업종 전환한 뒤, 다시 붓을 들 수 없었다.

불행히도 내 이젤은 아직 너무 깨끗하다.

그림, 천국이자 헛헛한 것…

추억은 지나간다.

인생도 지나간다.

창 너머 풍경

밤 깊은 퇴근길, 막 내리기 시작한 눈이 세상을 하얗게 덮는다. 아무도 밟지 않은 새하얀 눈밭을 이 세상 첫 사람인 양 천천히 걸어본다.

뽀드득 뽀드득…

어릴 적 낭랑하게 읊던 동시가 절로 떠오른다.

뽀드득 뽀드득
내 발자국 동생 발자국
할아버지 댁으로 세배를 갑니다
하얀 눈을 밟으며 세배를 갑니다

내가 자란 곳은 도시 변두리였다.

버스를 타려면 어른 걸음으로 족히 삼십여 분을 가야 정거장이 있었다. 정거장은 이쪽과 저쪽의 풍경을 가르는 경계였다. 정거장을 거쳐 아침이면 도시의 중심으로 갔다가 저녁이면 인천이라는 이름이 무색한 시골 마을로 돌아왔다. 여름밤, 버스에서 졸다 보면 어느 순간 공기가 상쾌해지고 개구리울음이 와글와글 쏟아져 들어온다. 둥지로 돌아온 것이다. 지친 하루의 끝에서 개구리울음을 듣는 순간 내 의식은 맑게 개었다.

정거장에서 마을까지 가는 길엔 중간쯤에 외딴집 하나 있을 뿐 그 외엔 인가가 없었다. 우리 동네는 거의 막다른 동네여서 마을을 향해 가는 사람이라면 십중팔구 동네 사람일 테지만 그래도 밤길을 갈 때면 사람을 만날까 봐 늘 경계하는 마음이었다.
어느 겨울밤이었다.
낮부터 내린 눈은 한밤중에도 여전히 내리고, 쌓인 눈 위에 깊은 발자국을 새기며 마을을 향하는데 저만치 앞쪽에 롱코트의 남자가 걸어가고 있었다.

가까워지면 가까워질까 두려워서 멀리하고
멀어져 가면 더 멀어질까 안타까워 서로 부른 우리 사인데…

옛 노래의 가사처럼 혼자 가는 길이 아니어서 위안도 되고 거리가 좁혀지면 또 불안해서 눈보라 속에 일정한 거리를 유지하며 걷는데 이 남자가 갑자기 뒤를 돌아보더니 걸음을 멈춘다.
순간 딱! 나도 멈췄다.
숨이 멎는 초긴장의 순간, 그 남자 길옆 논바닥을 향해 쉬~~를 하는 모양새다. 참, 좀 더 가면 동네인데 집에 가서 일을 볼 것이지.

볼일이 끝날 때까지 공연히 하늘 보는 척, 나도 꼼짝 않고 서서 기다렸다.

다시 남자가 간다.

나도 일정한 간격을 두고 따라간다.

동네 첫 집에 다다른 남자가 걸음을 멈추더니 빤히 내 쪽을 보고 섰다. 뭐 이제 동네 안인데 그러거나 말거나 조바심 없이 거리를 좁혀가니 남자가 소리친다.

"너 곰 아니냐?"

헉!

"작은 오빠?"

가까이 간 내 등에서 툭툭 눈을 털어주던, 몇 집 건너 살던 큰집 작은 오빠였다.

진작 알아봤으면 맘 편히 의지하고 왔을 걸.

성에 낀 창 너머 풍경처럼 아른아른한 어느 겨울밤이었다.

기억의 창고

　기억 창고에 기억을 저장하는 것은 몇 살부터일까?
　나는 이따금 여섯 살 이전의 일을 떠올린다. 나 여섯 살 여름에 아버지가 돌아가셨으므로 아버지와의 단편적인 기억 몇 개는 분명 그 이전의 것이다.
　어느 날 어머니께서 아버지 진지 드시라고 해라, 이르셨다. 추웠던 그 날 창문을 열고 아버지~~ 김치 드세요~~~ 소리쳐서 방안엔 와르르 웃음이 쏟아졌고 그 겨울은 아직 따뜻했다.

　사람이 아니라 그림자가 들어오는 것 같더라. 그냥 가심이 철렁 내려앉았어.
　어머니가 들려준, 재판에서 지고 온 날의 아버지 모습이다. 믿었던 친구로 인해 모든 걸 잃은 아버지는 한 달 후 심장마비로 돌아가셨고 사택에서 살고 있던 우리를 내보내려고 창문에 널을 대서 빛이 차단된 굴속 같은 방에서 살고 있었다.
　그 겨울의 어느 날 장작을 지펴서 고구마를 쪘다. 식구들은 따뜻한 방에서 고구마를 먹는데 고구마 먹으라는 말을 귓등으로 흘리며 아궁이 앞에 쪼그리고 앉아 숯불을 헤적이다 숯덩이 한 개를 송판에 담아 밖으로 나갔다. 밖에는 집과 조금 떨어진 곳에 나지막한 창고가 있었다. 창고 늘어진 초가지붕에 숯덩이를 대자 삽시간에 불은 초가지붕을 훨훨 넘나들었고 덜컥 겁이 난 나는 둑 뒤로 달아났다. 어른들이 불을 끄려고 달려왔지만 창고는 재가 되었다. 불이 꺼진 뒤 나를 붙잡아 끌고 온 오빠는 대체 왜 그랬느냐고 다그쳤다.

여섯 살은 아무 말도 하지 않았다.

다만, 그날 겨울 하늘은 흐렸고, 바람은 너무 막막하게 불고 며칠 전 왜 안 나가냐며 두 개의 가마솥 중 한 개에 구멍을 뚫고 간, 창문에 널을 대고 못질하던 그 사람이 떠올랐을 뿐이었다.

그 불로 인해 겨울이 가기 전에 달랑 지게 두 짐의 살림만으로 쫓기듯 이사 갔다. 부디 잘 살라던 동네 사람들의 손짓을 받으며 어머닌 가슴을 누르며 울고 또 우셨고 이사 온 방에서 잠들 때까지 이불은 늦도록 흔들렸다.

그때 이후 내 삶은 '…했더라면'이라는 굴레 안에 있었다.

그때 아버지가 그 사기꾼과 동업을 안 했더라면, 그래서 돌아가시지 않았더라면, 원하는 공부를 했더라면, 그곳에 가지 않았더라면…

…했더라면

…했더라면

그랬더라면…

부정하고 싶은 모든 상황의 꼭짓점에 아버지의 죽음이 있었다. 어느 날 끊임없이 …했더라면 하면서 내가 얻은 게 무엇인지 생각해 봤다. 없었다. 아무것도.

그래, 이것은 운명이다.

수많은 갈림길에서 그 어떤 길을 선택했다 해도 결국은 이 자리에 있을 수밖에 없는 것, 그것이 내 운명이다. 나는 '…했더라면'이란 굴레를 벗기로 했다. 지금까지 내게 일어난 모든 일이 운명이고 앞으로 내가 걸어갈 그 길 또한 운명이다. 지나간 것에 집착하지 말고 주어진 현재를 받아들이자. 오늘도 나의 하루는 운명의 한 페이지다.

오랫동안 나는 운명의 첫 기로였던 여섯 살의 바다를 그리워했다.
창문 열고 내다보던 아버지
그 너머 노을빛 바다
해지는 쪽으로 점 되어 사라지던 갈매기들
그곳은 지도상엔 없는 곳이다.
그 집은 그 바다는
여섯 살 때 잃어버린
그리움의 주소일 뿐이다.

2부

그리운 냄새

소풍

마음이 몹시 허기진 날, 어쩌다 전화해도 어제 보고 오늘 보듯 별스럽지 않은 오랜 친구를 만났다.

그 친구를 징검다리로 23년 만에 또 다른 친구를 만나 별걸 다 기억하는 서로의 기억들로 훈훈한 시간을 보냈다. 내 아들이 초등학생이던 그때, 23년 만에 만난 친구의 아들은 대학생이었고 봉제 인형을 수출하는 공장을 운영해 동생들까지 탄탄하게 자리 잡아 줬다며 자신의 삶에 자긍심이 넘쳤다. 대견했다.

친구들과 헤어져 돌아오면서 친구가 들려준 수학여행 얘기를 떠올렸다. 그 친구도 어릴 때 형편이 넉넉지 않아서 엄마가 수학여행을 못 보낸다고 했단다. 친구는 가고 싶다고 떼를 썼고 그렇게 가고 싶으면 개라도 팔아서 가라고 했다는 그의 어머니. 귀가 번쩍 뜨인 친구는 그길로 문간에 있던 개를 끌고 시장에 나가 팔아서 수학여행을 갔다고 한다.

다시 생각해도 여전히 놀라운 적극적인 친구의 삶. 육학년 아이가 어찌 개를 팔 생각을 했을까? 그런 적극성이 탄탄한 현실을 만들어 줬을 것이다.

그럼 나는?

국민학교 일학년 때 첫 소풍을 갔다. 매일 꽁보리밥만 짓다 소풍 간다 하니 쌀밥을 지으신 어머니. 양은 도시락 한쪽에 쌀밥을 담고 그 한쪽 켠에 김치를 넣어 주셨다. 생일도 아닌데 아침부터 하얀 밥 먹고 쌀밥 도시락까지 허리에 차고 바람같이 내달아 학교에 갔다.

그때의 소풍은 엄마랑 할머니까지 따라나서던 잔치와도 같은 것이었다. 소풍 가는 길에 아이들은 끊임없이 삶은 계란이며 사이다, 드롭프스를 꺼내 먹었다. 걷고 걸어 점심때가 다 되어 도착한 산에서 간단한 장기 자랑과 보물찾기 후 아이마다 함께 온 가족들과 그 옆 가족들이 어우러져 밥을 먹었다. 따라온 가족이 없던 나는 멀찍이 떨어진 소나무 아래로 가서 단출하게 도시락뿐인 보자기를 풀었다. 아침에만 해도 뿌듯하게 허리에 차고 온 쌀밥이 옆 칸에 있던 김칫국물이 배어 벌겋게 변해 있었다.

그 나무 아래까지 오면서 보았던 찬합에 담긴 예쁜 김밥과 너무 비교되던 붉은 밥. 누가 볼세라 도시락 뚜껑을 반 걸쳐 덮고 젓가락질하는데, 풀풀한 정부미 밥에 김칫국물까지 배어 젓가락으로 집어지질 않았다. 먹는 걸 포기하고 도시락을 다시 보자기에 쌌다. 주변엔 소풍 따라온 장사꾼이 있었다. 나는 사람들이 물건 사는 걸 구경하고 다녔다.

다음 소풍은 안 갔다.

왜 안 가냐고 묻는 어머니에게 다리만 아프고 재미없다고 했다. 그다음 소풍도 안 갔다. 소풍은 재미있는 게 아니란 걸 이미 알고 있었다.

외할머니 생신이 돌아왔다.

생신이 다가오면 어머니는 나를 시켜 큰어머니에게서 옷을 빌려 오게 했다. 한복뿐 아니라 속 고쟁이부터 버선, 브로치까지 전부 빌려야 했다. 큰어머니는 옷을 내줄 때마다 그냥 주는 법이 없었다. 으이그 지지리도 못난 위인. 옷 하나 변변히 못 해 입는 주변머리 없는 화상. 깨끗이 빨아서 동정 새로 달아 와.

가기 싫고 듣기 싫고 빌리기 싫지만, 명절에도 못 가고 일 년에 딱 한 번 오직 외할머니 생신에만 가시는 어머니. 내가 안 하면 어머니가 겪을 일이기에 매번 큰어머니 푸념 다 들은 뒤에 옷을 받아오곤 했다.

삼학년이 되어 갑자기 소풍이 가고 싶어졌다.

소풍 전날 어머니께 소풍 가고 싶은데 도시락 싸지 말고 100원만 달라고 했다.

"밥 안 싸가면 배고프지 않겠냐?"

"소풍 가면 장사들 많이 와요. 100원만 있으면 맛있는 거 많이 사 먹을 수 있어요."

"그래도 밥이 든든하지."

"어머니, 도시락 없어도 돼요, 100원만 주세요, 네?"

그렇게 받은 소중한 100원. 행여 잃어버릴세라 동전 쥔 손을 주머니에 꼭 넣고 소풍을 갔다.

목적지인 산에 도착하자 마음속에 짚어 둔 장사꾼부터 찾았다. 막상 찾고 보니 주눅이 들었다. 100원으로 살 수 있을까? 망설이고 망설이다 내 귀에만 들리게 가만히 물었다.

"이거… 얼마예요"

"백 원!"

아이고 깜짝이야!

"요거 말인데요…"

"백 원이라고!"

"진짜요? 여기요, 100원!"

행복, 행복~~

저녁에 어머니께 손 펴 보라고 했다.

손은 왜, 하시는 어머니 손에 브로치를 드렸다.

"어머이나! 이게 웬 거냐!"

"이거 오십 원 주고 샀어요."

"이걸?"

"제가 그랬잖아요 거기 가면 엄청 싸다고. 남은 오십 원으로 맛있는 거 많이 사 먹었어요. 이제 큰어머니한테 브로치는 빌리지 말아요."

그 이후 브로치는 안 빌렸다.

옷 빌릴 때마다 그 하나만으로 내가 얼마나 당당해졌는지 큰어머닌 몰랐을 것이다. 어머니는 브로치를 달며 종종 우리 딸 덕에 이쁜 브로치 달고 간다며 좋아하셨다. 내가 직장 다니면서 다시 사다 드릴 때까지 그 브로치를 애용했는데 새 브로치를 사고 옛 브로치를 보니 그렇게 조잡할 수가…

그 흔한 큐빅 하나 없는 초록색 도금 철제 장식, 삼학년 눈높이에 딱 맞는 노리개였다.

그 후엔 브로치 살 일도 없어서 다시 소풍이 재미없어졌고 육 년 동안 소풍은 단 두 번으로 막을 내렸다.

기필코 수학여행을 간 사람이나
소풍을 포기한 사람이나
둘 다 어른이 됐고
적극적인 친구가 커서 무역을 할 때
적극적 친구의 순응적인 친구는 슈퍼우먼이 됐다.

소와 곰

어릴 때 내 별명은 뜸보였다.

말수가 적다고 뜸보라고 불렀다. 입이 천근인 뜸보와 달리 언니는 상냥하게 말도 잘할뿐더러 나와 여러모로 달라서 우리 둘에게 어머니가 가장 많이 한 말은 '한 뱃속에서 나왔는데 어째 그리 다르냐. 둘이 반씩만 섞였으면…'이었다.

그것은 좋은 유전자를 몰아간 언니와 달리 무녀리인 내가 속 터져서 그렇게 낳은 어머니 자신을 자책하는 푸념이기도 했다.

설거지하다가 그릇 깨트리면 그건 나. 천생 여자라는 소릴 듣는 언니가 곱게 입던 옷을 물려주면 금세 단추 떨어뜨리고 소맷부리 찢어먹는 나. 이름을 부르면 끝이 '아'로 끝나는 똑똑한 언니 때문에 '야'로 끝나는 내 이름조차 열등해서 우리 반 똑똑한 친구들 이름을 하나씩 불러보며 아로 끝나는지 야로 끝나는지 통계를 내게 했던 나의 우월한 언니.

어느 날 가정 방문 오신 선생님께서 언니를 보더니 눈빛이 환해지며 "언니가 맞아요?"

선생님은 뭘 보고 그렇게 놀라셨는지.

상냥하고 예쁜 언니가 결혼을 했다.

상대적인 사람에게 매력을 느끼는 학설을 증명이라도 하려는지 무뚝뚝한 얼굴에 입이 만근인 사람이 형부가 됐다. 형부와 나, 우리 두 사람의 입을 합치면 만 천근이다.

형부와 나는 소 곰 보듯, 곰 소 보듯, 둘 사이에 끈끈함이라곤 좁쌀만큼도 없었다.

언니는 가끔 두 동물을 보며 혀를 찼다.

"다른 집은 형부 처제 사이가 깨소금이라는데 우리 집은 쯧쯔"

어느 날 언니가 아파 입원한 동안 조카를 돌보고 살림을 돕게 됐다. 형부가 출근하는 평일은 가볍게 지나가는데 일요일만 되면 집안 공기가 숨 막히게 무거웠다. 일요일 아침, 식사 차려 놓고 호칭도 생략한 채 안방 문 노크.

"진지 드세요."

"음"

"점심 드세요."

"음"

"저녁 드세요."

"음"

이것으로 하루 대화 끝.

그 대화의 사이를 거실은 텅 비워 놓고 형부는 안방에서, 나는 조카들과 작은방에서 무거운 공기를 흡입하고 지냈다. 이십여 일을 그렇게 때우고 나니 한 사람이 말을 안 하면 다른 사람이라도 말을 잘 해야지 두 뚝뚝이가 한집에 산다면 질식해 죽을지도 모른다는 생각이 들었다. 이따금 전화했을 때 형부가 받아서 여보세요, 하면 곧바로 거두절미 언니 좀 바꿔 주세요 하는 곰과 내가 여보세요 하는 순간 1초도 안 돼서 언니 바꿔줄게 하는 소 형부.

세상에 이런 커플 또 있다면 신선한 세상 공기가 어떻게 변질될지 모를 눈만 꿈벅거리는 소 형부와 입이 철근 자물통인 곰 처제.

한심스러운 나에게 언니가 말했다.

"얘, 애교는 못 부릴지언정 형부 용돈 좀 주세요. 너스레라도 좀 해봐라. 무슨 처제가 그렇게 뻣뻣하니?"

그럼에도 차라리 용돈을 포기해서 소와 곰의 간격은 좁혀지지 않았는데…

어느 날 드디어 언니가 기뻐할 일이 생겼다.

덕수궁 현대미술관을 어슬렁거리다 도록을 발견한 순간 그만 눈 멀고 이성도 멀었다.

따르릉~~

"언니, 형부 좀 바꿔줘."

"세상에나! 네가 웬일이니. 형부를 찾게!"

"형부한테 부탁할 일이 있어."

"어머머 얘 좀 봐. 무슨 부탁인데?"

"책 하나 사 달래려고."
"무슨 책인데 형부보고 사 달래니?"
"그림 도록."
"비싼 거니?"
"응"
"얼마길래?"
"오만 원"
"머어~~~~? 미쳤니?"
미쳤지.
내 월급이 오만 원도 안 되는데. 그런 거금을 언니가 선뜻 해 줄 리 만무고 그동안 못 부린 응석(?)을 한방에…

기가 차서 형부에게 자초지종 설명 후 전화 넘겨준 언니.
"처제 어딘데?
"덕수궁 현대미술관요."
"기다려 봐."

"어떤 책이야?"
"요거요."
"얼맙니까?"
"오만 원입니다."
그렇게 철딱서니 없는 내 품에 안긴 보물단지.

1980년 판 국제현대미술집.

"언니 보고 갈 거야?"

"아뇨, 그냥 집으로 갈래요. 형부 고마워요!"

"그래 잘 가."

책이 뭐라고 곰과 소가 이렇듯 살가운(?) 대화를 하다니.

한 번의 확실한 너스레 이후 다시는 언니가 너스레 떨어봐라 주문하는 일 따윈 없었다.

이따금 책장에 눈길 줄 때 이 책은 조용히 철없는 과거사를 꼬집는다.

계란 열다섯 판 이야기

계란을 나르다 계란 열다섯 판의 높이를 재 봤다.

약 77cm 정도의 높이다. 특란 한판의 무게는 약 1900g, 열다섯 판의 무게는 28.5kg 정도다. 이 계란을 매일 차에 싣고 와 주차장에서 매장까지 대차로 옮긴다. 겨우 십여 미터 거리를.

어머니가 세상에서 얻은 두 번째 이름은 계란 장수 아주머니다. 내 이름도 어떤 이들에겐 계란 장수 딸이다. 어머니의 키는 153cm, 건강할 때 어머니 체중은 50kg 정도 되었다. 어머니는 아침마다 동네 양계장에서 계란 열다섯 판을 이고 가서 파셨고 오후에 와서 다시 열 판을 이고 가셨다.

어머니 키의 절반이 넘는 높이를, 어머니 몸무게의 절반이 넘는 무게를, 365일 하루도 안 거르고 머리에 이고 다니셨다. 버스도 안 다니는 변두리에서 빈 몸으로 넘기에도 숨이 가쁜 산 고개를 계란을 이고 넘어가서 한밤중까지 걷고 또 걸으셨다.

양계장에서 계란을 한 번 이면 산을 넘어 다음 마을에 이를 때까지 쉴 수도 없다. 혼자서는 계란을 내릴 수도 일 수도 없기 때문이다. 일요일이나 방학 때면 나도 계란을 이고 어머니를 따라가 산 너머 첫 집에 계란을 맡겨두고 돌아오곤 했다. 그런 날은 어머니가 산을 두 번 넘지 않아도 되었다. 때로는 학교 가는 길에도 계란을 이고 갔다. 어느 날 계란 이고 가는 길에 친구를 만났다. 나는 그 친구가 먼저 가주길 바랐는데 친구는 내 가방을 받아들고 보폭을 맞췄다. 세월이 흐른 어느 날 어머닌 그 이야길 꺼냈다. 그날 아주 무참했다고…

어머니가 열다섯 판의 계란을 이고 갈 때 어머니보다 머리 하나가 큰 나는 기껏해야 열판을 이고 절절맸다. 젊고 키도 큰 내가 엄살 부리는 것으로 보일까 부끄럽기도 하고 한 편 죄스러웠는데 나 자신이 어미가 된 후에 알았다. 어머니가 그 작은 체구로 열다섯 판의 무게를 감내할 수 있었던 것은 어미였기에 할 수 있었다는 걸. 어미였기에 했어야만 했다는 걸.

어머니는 계란 장사만 한 것이 아니다.

물때에 따라 조개도 잡으러 다녔다. 오전 물때엔 조개 잡고 와서 오후에 계란을 팔러 갔고 오후 물때엔 부지런히 행상 한 번 돌고 와서 조개를 잡으러 갔다. 일요일이나 방학 때면 나도 조개를 잡았다. 갯벌에 한 번 들어가면 나올 때까지 힘들다고 앉을 수도 없고 입가에 소금버캐가 허옇도록 한 모금 마실 물도 없다. 그 바다에서 가장 많이 잡던 조개는 동죽이었다. 잡고 싶은 만큼 잡는 것이 아니라 50kg이라는 제한량을 준다. 못 잡았을 땐 잡은 만큼의 돈을, 더 잡아도 50kg의 값만을 준다. 나는 바다에서도 젊은 혈기를 제대로 발휘하지 못했다. 노인들도 기어이 채우는 50kg 양을 제대로 채운 적이 없는데 호랑이라 불리던 감시원은 계량할 때마다 전표에 50kg이라고 휘갈겨 넣곤 했다. 난 또 그것이 왜 그리 자존심 상하던지 고맙단 인사 한마디 안 했다. 물 들어오기 전에 한 톨이라도 더 잡으려고 전력 질주하듯 온 힘을 쏟아붓고 나면 뱃가죽이 등짝에 붙는다. 사람들은 조개 판 돈을 쥐고도 한여름 무더위에 하드 하나도 못 사 먹고 우물가에 줄 서서 쩍 달라붙은 뱃고래에 물만 벌컥벌컥 채워 넣는다. 겨운 일을 했으니 웬만한 사람들은 집에 와서 잠시라도 쉴 때 어머니는 요기하는 즉시 양계장으로 갔다.

형제 중에 아무도 하지 않았던 조개 잡고, 밭일하고, 땔감까지 어머니의 모든 발걸음을 나는 따라 했다. 내가 계란을 머리에 이지 않고 조개를 잡아보지 않았다면 어머니의 노고를 예사로 생각했을 것이다. 그렇다 해도 어머니에게 그저 조금의 힘을 보탰을 뿐이다.

어느 날 밤, 그날도 행상 끝내고 한밤중에 집에 오는데 너무 피곤하니 걸으면서도 졸았단다. 휘청휘청 졸며 걷는데 양계장 주인이 차를 세우더니 아주머니, 술 마셨어요? 하더란다. 술은 무슨… 내가 언제 술 먹는 거 봤어요? 하셨다고…

고단했던 하루하루가 무릎 연골을 흔적 하나 남기지 않았다.

계란을 나를 때마다 주차장에서 매장까지의 짧은 거리를 나는 수레에 의존한다.
걷는 걸 잊어버린 저 작은 발로
저 가느다란 다리로
새벽부터 한밤중까지 비가 오면 비에 젖고
눈이 오면 눈 맞으며 걷고 또 걷던 길을
나는 팔자 좋게 차에 앉아 이동한다.

힘들 때마다 어머니를 생각한다.
갑자기 없던 힘이 솟는다.
내가 겪은 그 어떤 일도 어머니가 겪은 일에 견줄 수 없다.

푸르른 날

푸르스름한 빛이 스며드는 저녁 뒤꼍 쪽으로 난 창호지 문 앞에 바싹 앉아 조근조근 옛날얘기를 듣는다.

다음날도 논에서 일하고 들어오니 맛있는 저녁상이 떡하니 차려져 있는 거야. 대체 누가 이렇게 차려놨을까? 총각은 행복하게 밥을 먹었어. 누가 날마다 상을 차리는지 숨어서 지켜보기로 했지. 누굴까?
뒤꼍에선 가랑잎이 바스스 굴러다니고
우리는 한 이불 아래 다리를 모으고
우렁각시 얘기로 눈이 초롱 했다.

젊은 아버지처럼 자상하게 옛날얘기를 들려주던, 내가 부르는 오빠와 이웃집 아이들이 부르는 아빠 사이에서 말 배우기 시작한 동생이 자꾸만 아빠라 부르던, 우리가 아늑하게 기댄 어른인, 헤아려 보니 겨우 스물의 앳된 청년.
오빠는 어릴 때 소아마비를 앓아서 한쪽 다리가 약간 짧았다. 그

걸 감추려고 한쪽 발을 살짝 까치발 딛고 다녔다. 그래서 그 발의 신발은 언제나 뒤꿈치는 새것인 채 엄지발가락 쪽만 구멍이 나곤 했다. 활동적이지 않은 오빠에게 아버지는 돌아가시기 전에 다양한 책을 선물했다. 그중에 축산에 관한 책이 있었다. 양돈 양계 양묘 목축에 대한 관리법을 상세하게 소개한 책이었다. 오빠는 그 책을 읽고 토끼 한 쌍을 데려왔다. 학교 갔다 올 때면 가방에 토끼풀이 불룩했다. 그러나 금세 불어나는 토끼를 감당할 수 없어 땅만 있으면 부자가 될 수도 있겠다는 아쉬움을 뒤로하고 얼마 안 가 토끼를 모두 처분했다.

오빠가 특히 아끼던 법률책도 있었다. 아버지가 돌아가시지 않았다면 오빠의 미래는 어떻게 풀렸을까? 다리 때문에 군 입대 불합격 판정을 받은 오빠는 군의관에게 뒷돈을 주고 입대를 했다. 그 시절엔 '병역필' 여부가 취업의 첫 번째 관문이었다. 지금은 군대에 안 가려고 온갖 수단을 동원하지만 오빠는 온전한 청년으로 인정받기 위해 돈 써 가며 군대에 간 셈이었다. 입대는 했지만 정상적인 군 생활을 할 수 없어 키우던 소를 팔아 또다시 군의관에게 뒷돈을 주고 의가사 제대했다. 제대하기 전, 법률 서적만 읽으니 사람들이 법대 다니다 온 줄 알더란다.

너희는 아버지 얼굴이라도 봤잖냐, 하시며 어머니는 백일도 되기 전에 아버지를 잃은 동생을 자식 중에 제일 안타까워하지만 부족함 없이 누리며 살다가 아버지라는 구심점을 잃은 열여섯 소년의 좌절은 또 얼마나 안타까운가.

달력에서 본 르누아르의 랑베르 양 초상을 크레파스로 유사하게 모사하던 그. 이따금 달밤에 대니 보이를 하모니카로 미어지게 불곤 해서 지금도 그 노래엔 하모니카 소리가 배어있다.

아랫집에서 챙챙 굿을 하던 눈 내리는 날, 저 집은 뭐 하는데 저렇게 시끄럽냐고 물으니 눈 그만 오라고 굿하는 거야 했는데 눈은 안 그치고 다음 날도 굿은 계속됐다.

"오빠 눈이 안 그치는데?"

"그러니까 계속 굿을 하지."

심한 폭행을 당한 뒤 정신이 이상해졌다는 사람이 있었다. 그는 혼자 끊임없이 중얼거리며 다녔는데 어느 날 동생이 말했다.

"ㅇㅇ이는 참 이상해. 오다 보니 풀하고 얘기 하드라."

그러자 오빠

"ㅇㅇ이는 천재야!"

"정말?"

"너 풀이 하는 말 알아들을 수 있어?"

"아니…"

"거봐. 아무나 풀하고 얘기하는 게 아니야. ㅇㅇ이는 천재야!"

"그렇구나!"

다 믿었지.

오빠가 하는 말이니까.

겨우 살만해지자 그는 갔다.
그날, 하늘 참 푸르더라!
문득 아버지 같던 젊은 날의 그 모습이 떠오른 오늘,
하늘 참 푸르구나!

화투 그림의 원조

내 나이 아홉 살, 큰집에서 잠시 더부살이를 했다. 어머니가 나와 동생을 인천 큰집에 맡겨놓고 이삿짐을 싸러 충청도에 가셨기 때문이다. 어머니는 충청도에서 한 달을 넘게 계시다 올라오셨는데 그렇게 오래 계신 것은 이사 오기 전에 아버지의 동업자로부터 얼마간의 돈이라도 받아 오려 한 것이었다. 실패한 계획이었지만…

큰어머니는 새언니가 아침상을 들여오기도 전에 오관 떼는 것으로 하루를 시작하셨다.
"오늘은 손님이 오시려나, 비광이로구나!"
"어이쿠, 임께서 오신다네. 이메조."
"오월 난초라, 국수 먹으려나?"
혼자 중얼중얼하며 다 떼고 나면 닳고 닳은 국방색 담요에 또다시 오관을 깔았고 낮에 이웃 할머니들이 오면 이번엔 민화투판이 벌어졌다.

어느 날 혼자 하는 화투가 재미없었던지 꾸어다 놓은 보릿자루 같던 나에게 화투를 전수하기 시작했다. 오관 떼는 것부터 일 년 운세 떼기, 민화투까지 가르쳐서 이웃 할머니들이 오지 않는 날이면 나를 대작해 민화투를 즐겼다.

내가 짝 맞추기에 점점 민첩해지고 화투짝을 착, 착, 치대는 솜씨가 늘수록 큰어머니는 당신의 아홉 살 애제자를 흐뭇해하셨다. 큰어머니가 다른 집으로 마실 가면 이번엔 나 혼자 오관을 떼며 임을 기다리고, 기쁜 소식을 기다리고 한 해 운수를 점치며 화투판을 엎었다 뒤집었다 했다.

충청도에서 돌아오신 어머니는 내가 큰어머니와 화투 치는 것을 보고 벌어진 입이 다물어지지 않았다. 어머니는 나 혼자 있을 때 낮고 강하게 말씀하셨다.

"옛날부터 노름 좋아하면 패가망신한댔다. 앞으론 절대 화투짝 만지지도 마라."

큰집에선 식구들이 모이면 손목 때리기, 꿀밤 먹이기 화투를 치며 화기애애한 시간을 갖는데 우리 집은 화투짝 한 개도 볼 수 없었다.

비약이야!

청단이로다!

화투의 즐거움이 눈앞에 삼삼하던 어느 날 반짝, 한 줄기 빛을 발견했다. 뒷간용으로 보관해 둔 다 쓴 공책 뒷장을 화투 크기로 잘랐다. 그리고 12색 크레파스로 까막 싸리, 홍싸리, 오월 난초를 정성껏 그렸다.

진짜 화투처럼 착착 치대는 감칠맛은 없지만 스스로 개발한 화투로 즐기는 오관의 맛이란 오감 만족이었다. 나중엔 친구들과 모여 종이 화투를 즐겼다.

화투는 겨울에 더 맛이 나는 놀이다. 큰어머니한테 화투를 전수받던 시기도 시골 농한기 겨울이었다. 쌀쌀한 겨울날 미지근한 아랫목에 둘러앉아 손목이 벌겋도록 되로 맞고 말로 갚으며 즐기던 화투놀이. 어머니는 내가 화투를 즐기는 걸 까맣게 모르고 한 번씩 다짐을 주셨다.

"다른 건 다 배워도 도둑질하고 화투는 배우지 마라."

다행히 나는 화투의 깊은 세계를 더는 알지 못한 채 종이 화투를 끝으로 화투와 결별했다.

그날과 그날 이후

　특별한 선이 있다. 오랜 시간이 흘러도 그 선은 절대 지워지지 않는다. 그 선은 그날과 그날 이후를 경계 짓는다.

　갑작스레 심장마비로 돌아가신 아버지의 부재. 그것은 내 인생의 굵직한 선이다. 그때 나는 여섯 살이었고 동생은 백일도 되기 전이었다. 저런 팔자도 있을까 소리 들으며 어려움 없이 살다 하루아침에 남편 잃고 몇 달을 두문불출 울기만 했던 어머니. 과거 신세 진 사람이 보리 한 자루 갖다 주면서 떨어지거든 자루 가지고 오세요 하자 열여섯의 오빠가 그 자루를 뒷간에 버렸단다.
　"어머니 이 자루 다시 쓰면 우린 거지가 되는 거예요. 뭐라도 할 게 없을까요?"
　그 말에 정신 차리고 행상을 시작하셨단다.
　내 손에 맡겨진 채 낮 동안 젖을 제대로 먹지 못한 동생은 입이 비뚤어질 정도로 말랐었다. 쌀 한 톨 안 섞인 꽁보리 밥솥 한가운데 주발에 흰쌀을 안쳐 동생 먹을 멀건 죽을 익혀 "애기 떠 멕여라" 하고 가시면 뽀오얗고도 달콤한 그 맛은 동생 한입에 나 두 입씩 금세 사라졌다. 생각다 못한 어머니는 동생과 나를 행상길에 데리고 다녔다. 어머니는 동생을 업고 보따리까지 이고 이 마을 저 마을을 떠돌다가 힘에 부치면 나에게 동생을 잠깐씩 업게 했다. 포대기를 둘러도 뒤를 깍지 껴서 받쳐줘야 흘러내리질 않는데 동생을 업고 뒤로 팔을 돌리면 팔이 짧아서 부족한 길이를 수건을 덧대어 잡고 다녔다. 끼니때가 되면 인심 좋은 집에서 내어주는 밥을 먹기도 하고 싸가지고 간 꽁보리밥을 나무 그늘에 앉아서 먹곤 했다. 여름 땡볕에 온몸은 땀에 절고 그럴 때 냇물이라도 만나면 어머니는 내 웃옷을 벗겨 냇물에 흔들어 꼭 짜서 입혀줬지만 시원함은 잠깐이고 금세 옷이 보송보송 마르는 무더운 날들이었다.

당신 혼자 부지런히 다녀도 시원찮을 터에 업고 이고 어린 걸음 발 맞추느라 얼마나 막막했을지 서른여섯 그해의 어머니 나이가 되어서야 나는 그 속을 조금 알게 되었다.

어둠이 채 가시기 전 새벽에 나서서 깜깜한 밤중까지 걷고 또 걷는 길. 집으로 오는 밤이면 얼른 집에 가서 다리 뻗고 싶은데 바위라도 매단 듯 걸음은 무겁고 밤은 축축했다.

한마디의 말도 없이 젖은 풀섶 헤치며 걷던 그때 눈앞을 오락가락하던 반딧불. 반딧불을 보며 내가 꿈꾼 것은 무엇이었던가. 겨우 동네 어귀에 이르면 어머니는 새삼 생각났다는 듯 다 왔다 하시며 그 날의 고단함에 마침표를 찍었다. 그러나 아직 끝나지 않았다. 불빛 하나 없이 엎드려있는 태평스러운 초가집들을 보는 내 가슴엔 서늘

한 이슬이 내리고 기척 느낀 어느 집 개가 컹! 짖으면 우리가 지나가는 골목을 따라 이집 저집 개들이 릴레이 하듯 단조롭게 짖었다. 그들에게 우리는 밤마다 지나가는 익숙한 나그네여서 건성으로 짖는 컹 소리는 차라리 이제 오느냐는 인사치레 같았다. 그 여름을 기점으로 나는 어머니한테 '싫어요'란 말을 하지 못하는 딸로 자랐다.

지금도 문득문득 되새김질 되는 여덟 살 그 여름의 풍경들.
힘드니?
그 여름을 생각해!

꺼먹소

예전엔 소가 큰 재산이자 일꾼이었다.

쟁기로 논, 밭 갈고 수확한 작물 나르는 것까지 힘든 일은 소 덕을 많이 봤다. 농사 많은 부잣집 마당엔 으레 소 한 마리씩 묶여 있었다. 우리 집 마당에도 소가 있었다. 농사도 없고 부자도 아니었지만 목돈 만들어 볼 요량으로 비육우를 키웠다. 한우 송아지는 구입비용이 비싸서 젖소 중에서도 못난이 젖소, 몸 전체가 새까만데 엉덩이 부분에 흰 얼룩점 하나로 저도 젖소임을 증명하는 송아지를 데려왔다. 우리는 그 소를 '꺼먹소'라고 불렀다.

"얘, 꺼먹소야, 오늘은 얌전히 들어가자."

새벽이슬 속에 어머니가 꼴을 베어 오거나 낮에 내가 베어 오기도 했는데 소가 모든 풀을 좋아하는 건 아니다. 어떤 풀은 아예 입에 대지도 않고 주둥이로 풀더미를 마구 헤쳐 좋아하는 풀만 골라 먹었다. 나는 가능한 꺼먹소가 좋아하는 풀을 베어 오려고 했지만 웬만큼 농사 있는 집마다 소를 키우다 보니 널린 게 풀 같아도 논둑, 밭

둑 모두 임자가 있어 꼴을 마련하는 것은 쉬운 일이 아니었다.

　가축을 키우다 보면 가축도 제 나름으로 사람을 판단한다. 만만한 상대인지 순종해야 하는지 훤히 꿰차고 있다. 새벽에 어머니가 외양간에서 데리고 나갈 때는 순하디순한 눈으로 투벅투벅 걸어가 그 자리가 제자리라는 듯 말뚝 옆에 가만히 서는 녀석이 저녁에 내가 외양간으로 들일라치면 내가 저를 위해 맛있는 풀만 골라 베어다 줬음에도 요것이 나를 만만히 보고 말뚝에 묶인 줄을 푸는 순간 냅다 달아나기 일쑤였다.

　시골에선 길 빼곤 천지가 논밭이다. 고삐 풀린 꺼먹소는 그 들판 한가운데를 짓이기며 이리 뛰고 저리 뛰었다. 꺼먹소가 달아나면 저물녘의 나른한 동네엔 갑자기 생생한 활기가 돈다. 들에서 저녁 갈무리하던 어른들과 해거름까지 놀던 아이들, 덩달아 개까지 날뛰는 소를 쫓아 들판을 같이 뛰어다닌다. 그렇게 여러 번 탈출을 하고도 결국은 누군가의 손에 고삐 잡혀 끌려오곤 했는데 그 왕성한 힘으로 멀리 달아나지도 않고 동네 안에서 뛰다가 번번이 끌려온 것을 보면 꺼먹소는 애초에 탈출하려는 것이 아니라 그저 들판을 힘차게 뛰어보고 싶었는지도 모르겠다

　저녁에 외양간으로 거두는 것은 여전히 내 일이었는데 언제부턴가 어둑해지면 놀던 아이들이 우리 마당으로 모여들었다. 아이들은 소가 달아나지 못하도록 서로 손을 잡아 울타리가 되었다. 어른이 되어 생각하니 얼마나 위험천만한 일이었나. 여차하면 소 발길질에 채일 수도 있는데 달아나는 소를 막겠다고 조무래기들이 인간 울타리

가 되었으니.

　다행히 꺼먹소가 팔려갈 때까지 울타리가 부서지는 일은 없었다. 빤한 우리 형편을 생각해서 그랬는지 논밭 짓이겼다고 쫓아와 따진 사람도 없이 하마터면 소 잃을뻔했다고 그저 발 벗고 나서서 우리 집 재산을 되찾아 주기만 했으니 돌이켜 보면 참 훈훈한 시절이었다.

　우리의 희망이던 꺼먹소는 성치 않은 몸으로 뒷돈까지 줘가며 군에 자원입대했지만 군 생활을 제대로 할 수 없던 오빠를 위해 팔아서 의가사 제대하는 비용으로 썼다.

　어머니가 그러셨다. 소하고 느이 오빠하고 바꿨다.

추억

비, 비, 비…

쉴 새 없이 내리는 비에 아침저녁 오르내리던 옥상에 발길 뚝 끊었다 눈뜨면 시장 가기 바쁘고 이미 반은 감긴 눈으로 퇴근하니 물 줄 일도 없는 옥상을 한동안 나 몰라라 방치했다. 이레에 한 번 맞는 이 아침의 여유.

눈 뜰까, 말까.

조금만, 조금만 더…

꿀잠 속을 헤매다가 아니다, 옥상이 어떤 상태인지 좀 올라가 보자. 발딱 구들장을 박차고 옥상에 올라가니 오마이 갓!

20층 고지에 어디서 날아와 뿌리내렸는지 딱 나같이 생긴 놈들이 나도 꽃이야, 당당하게 서서 야물딱지게 엉글었다.

바랭이 풀꽃, 방동사니 풀꽃, 강아지풀꽃…

저 알갱이들 모두 싹트면 수천 송이 풀꽃이 필 것 같다. 나도 잡초지만 그건 안돼! 꽃과 꽃 사이 게릴라처럼 숨어있는 괭이밥까지 소탕하는데 눈앞에 나타난 주렁주렁 까만 열매. 아… 너 언제부터 여기 있었니?

어릴 적 밭 주변에 까마중이 자라면 어머닌 풀을 매면서도 까마중은 뽑지 않고 그대로 두었다. 포도 한 알도 귀했던 시절, 까마중이 무르익으면 동생과 나는 '까포도'라 부르며 달착지근한 까마중을 따먹곤 했다. 한 알 따서 입에 넣고 가만히 터트려 본다.

이 맛이야!

딱 이 맛이었어!

까마중, 뽑지 않고 그냥 뒀다.

추억,
예기치 못한 순간
스치는 향기에
노래 한 소절에
잊었던 기억이
불현듯 생생히 되살아나는 것.
제 빛깔보다 더 곱게 채색되는 것.

그리운 냄새

아들이 이사를 했다.

북쪽에서 남쪽으로 이사했다. 추위를 잘 안 타던 아들인데 이곳으로 온 뒤 겨울이면 북쪽 벽 전면이 유리로 된 방을 쓰면서 수시로 춥다고 읊어댄다. 그래서 특별히 포근포근한 극세사 이불로 바꿔줬는데도 여전히 춥다고 엄살이더니 급기야 방안에 보온 텐트를 치고 살았다.

겨울에 추웠으니 여름은 서늘하겠지?

서늘하다. 그런데 서늘하게 지낼 수가 없다. 아파트 뒤쪽으로 영동 고속도로가 지나간다. 위로 위로 올라오는 고속도로 소음에 잘 때는 창문을 열어두지 못한다. 문 닫힌 방 안에서 선풍기는 점점 더 열풍을 생산하고 아침이 되어 아들이 방문을 열면 후끈한 열기가 왈칵 쏟아진다. 올해도 그 여름을 각오하고 있었는데, 벌써 더위는 시작되고 텅 비어있는 어머니 방. 정남향이라 겨울이면 낮에 보일러를 안 켜도 아늑하고 여름엔 현관 쪽 창문으로 맞바람이 쳐서 통풍도 잘 되는 방이다.

"할머니 방 쓰지 그러니."

"그럴까?"

할머니 방에 大자로 누워 보는 아들.

"이사 와야겠다."

아들 옷을 넣기 위해 옷장에 남아 있는 어머니 옷을 옮기려고 장롱문을 열었다.

그 순간 아, 이 냄새. 코끝이 찡했다.

어머니 옷에 희미하게 배어있는 담배 냄새. 병원에서 문진표 작성할 때 흡연량을 하루 1갑 이상이라고 거침없이 적을 만큼 오십여 년을 잠 안 오는 밤마다, 힘든 일이 있을 때마다, 때로는 자식보다도 더 위로가 되었을 담배.

어느 밤, 목이 따가워 잠이 깼을 때 소독차가 왔다 간 듯 방안에 연기가 자우룩했다. 이마를 허리끈으로 동여매고 벽에 기대어 담배를 피우고 있던 어머니. 고단한 하루 끝에도 잠들지 못한 어머니의 얼굴은 처연했다. 나는 잠이 깨지 않은 척, 마른침을 꼴깍 삼켰다.

회사 다니던 어느 날, 남자 동료가 다가와 은근히 물었다.

"미스 유, 담배 피워요?"

"뭐라구옷?"

"미스 유한테서 항상 담배 냄새나는데 담배 피우는 거 아니었어요?"

어질어질…

어머니와 한 방을 쓰니 방에 걸어둔 내 옷에도 담배 냄새가 배어있다는 걸 그 사람이 꼬집기 전까지는 전혀 깨닫지 못하고 있었다. 그날부터 방안에 걸어둔 옷들을 몽땅 마루에 내어 걸었다. 한겨울 분합 안 된 마루에 걸어둔 옷을 걸치면 곧바로 어금니가 드드드득 연주되는 타악기가 됐지만 어머니께 담배 좀 그만 피우라는 소리는 차마 못 했다.

세월이 흘러 찜통더위에 거실 쪽 방문을 꼭 닫고 컴퓨터 자판을 두드리는 아들.

복더위에 문 닫고 한증 하냐고 하니 할머니가 거실에서 담배 피우면 담배 냄새가 방으로 들어와서 그런다면서도 생신 때면 담배 사다 주던 아들. 어려서부터 질리게 담배 냄새를 맡은 두 아들은 담배를 안 피운다.

이따금 내 휴대폰에서 공연히 단축키 한 번씩 눌러보는, 해제하지 않은 어머니 휴대폰.

　남겨둔 옷 몇 가지.

　한동안 어머니 옷에 얼굴을 묻고 있었다.

　그립다, 담배 냄새.

하나뿐인 내 동생

휘다닥…

들어오는 줄도 몰랐는데 서둘러 나가는 학생을 보는 순간 느낌이 온다. 휘다닥 나갈만한 상황이 있었던 것 같은.

띠리링~~

"어, 왜?"

"방금 여차여차한 일이 있었어. 뒤쪽에서 일하다 보면 앞쪽에 누가 와도 잘 모르겠더라고. 가게 출입구에 사람이 드나들 때 소리 나게 할 방법이 없을까?"

"철물점에 가서 무선 차임벨 사다가…"

요기까지 듣고는

"응, 네가 해 줘."

"알았어."

그리고 그 저녁

딩~동 딩~동

드나드는 사람을 열심히 체크해 주는 차임벨. 뒤 창고에서 일할 때마다 공연히 뛰어나와 보곤 했는데 이젠 차임벨 비서가 알려 줄 때만 나온다.

어느 날의 밤 열한 시, 뒤 창고 문을 잠그려니 고장이다. 그 안에 물건도 많은데…

띠리링~~

"큰일 났어, 창고 문이…"

"알았어."

열쇠 업자는 전화조차 받지 않는 시간, 그 밤에 근무지 진천에서 올라와 문제 해결.

지금 살고 있는 집에 이사 온 첫해, 말라비틀어진 고춧대만 있던 옥상에 꽃 좀 키워 보려고 옥상에 수도를 설치하려고 알아보니 비용이 45만 원이었다. 그만한 돈을 선뜻 쓸 만큼의 여유가 없던 나는 수도 설치를 포기하고 주방에서 물을 길어 날랐다. 주방에서 소비하는 허드렛물 중에서 세제 섞이지 않은 물을 모아 꽃밭에 주는데 다리가 문제였다. 두 개의 물뿌리개에 물을 담아 옥상으로 오를라치면 무릎이 반발을 했다. 한 번 나르는 양으로는 충분하지 않아 계단을 여러 번 오르내리는데 그때마다 에고 다리야 소리가 절로 나왔다. 맨몸으로 오르내리기도 힘든 터에 물까지… 결국 동생이 구원투수로 등장. 옥상에서 19층 베란다의 우수관을 통해 호스를 넣어 분무형 수도 설치 완료.

"여긴 옥외라서 겨울 한파를 견디려면 일반 호스로는 안돼. 그래서 두꺼운 공업용 호스 구해왔어. 그리고 겨울엔 물 얼기 전에 베란다에서 호스에 들어있는 물을 모두 빼놔. 그래야 호스를 오래 쓸 수 있어."

이런 일이 전문도 아닌데 세세하게 사용법까지 일러 준다. 그렇게 설치한 수도 비용은 팔기 뭣해서 제쳐둔 무른 과일 한 보따리.

아흔아홉 섬 가진 사람이 백 섬 채우려고 한섬 가진 사람 걸 탐하더라고, 아파트에선 흔치 않은 옥상 텃밭을 갖고도 더 많은 땅을 소유하려고 플라스틱 행거를 난간에 매달았다. 튼튼하게 매달려 있으라고 행거마다 케이블 타이를 6개씩 조여 놓고 솜씨 자랑했다.

"이거 봐라. 몇 년간은 태풍에도 끄떡없게 단단히 조여놨다."

"이렇게 여러 개 감아도 햇빛과 추위에 삭아서 소용없어. 해마다 한 번씩 바꿔줘. 그게 안전해"

아하, 그렇구나! 얘는 이런 정보를 어디서 다 익혔을까.

동생은 어릴 때부터 기계에 호기심이 많았다. 사발시계 뜯어서 속 들여다보고, 트랜지스터라디오도 속속들이 분해해 탐구하기 일쑤였다. 그러다 라디오를 망가트리기도 했는지 한 번은 오빠가 라디오를 사 갖고 와서 동생을 불러 말했다.

"너 이거 뜯어볼 거지."

"아니"

"뜯을 거면 지금 형 있는 데서 뜯어봐."

"안 뜯을 건데."

"정말이야? 너 안 뜯는다고 약속한 거다."

"응"

조금 후 오빠가 집을 나갔다. 우리 집은 지대가 높아서 동네 안이며 마을 밖으로 나가는 길이 웬만큼 다 보인다. 오빠는 마을 밖, 버스 정류장을 향하고 있었다. 오빠가 가는 걸 마당 끝에 서서 확인한 동생. 때는 이때라는 듯 방금 전에 안 뜯겠다던 약속을 파기하고 당장 신문물을 뜯기 시작했다. 그때 제대로 조립을 했는지는 기억이 안 난다. 설사 새 라디오를 망가뜨렸다 해도 크게 혼나지는 않았을 것이다. 오빠보다 열다섯 살이나 어린 그 애는 아버지 얼굴도 못 보고 자란 막내라는 면죄부의 특권이 있었다.

기계에 관심이 많던 동생 덕에 오막살이 우리 집에는 기와집에도 없는 초인종이 있었다. 공고생들이 실습용으로 쓰던 단자 보드에 태엽이 풀리면서 새소리를 내는 완구를 연결하여 대문에 초인종을 설치했다. 누구에게 배운 적도 없이 스스로 기계 원리를 응용한 그때, 동생은 중학생이었다. 초등학교 때는 방학 과제로 장구처럼 생긴 실패를 이용하여 그림책에서나 봤을 움직이는 불도저를 만들기도 했다. 재능을 잘 살렸다면 발명가가 됐을지도 모를 동생인데 안타깝게도 그 재능을 제대로 키우지 못했다. 우리는 음악적 취향이 비슷해서 동생이 사 온 빌보드 팝 전집에 같이 열광했고 킹 크림슨의 Epitaph를 함께 좋아했다. 이제 커서, 아니 같이 늙어가면서 내가 손 내밀 때마다 지체없이 해결사가 되어주는 내 동생. 어머니가 가시고 '이제 우리 둘뿐이구나' 생각하니 천애 고아라도 된 듯 먹먹하다.

자식과는 또 다른 끈끈한 핏줄인 단 하나뿐인 내 동생.

로또 당첨

　불행은 혼자 오지 않고 등에 누굴 업고 온다던가?
　예전에 5년 동안 여덟 번의 이사를 한 뒤 이사라면 진절 너더리가 나서 웬만하면 붙박여 살려고 했다. 그런다고 삶이 뜻대로 살아지던가? 수많은 변수가 복병처럼 숨어있는 게 삶이다. 그리하여 또다시 필연적인 이사를 하게 됐다. 전세 얻으려다 떠돌이 청산하려고 집을 사서 이자 내기로 하고 가게 근처에 집을 샀다. 장사하며 오래 봐 온 손님의 집이기에 세세히 보기도 미안해서 아파트 구조야 똑같겠지 하고는 대충 훑어본 뒤 계약을 했다. 처음엔 벽지만 바꾸고 살려 했다. 그런데 막상 짐을 뺀 집을 보니 아뿔싸! 카펫 깔렸던 마루가 허옇게 변색되어 있다. 그제야 빈집을 살펴보니 부식되어 잘 보이지도 않는 욕실 거울, 거미줄처럼 금 간 양변기 등 곳곳이 수리해 달라고 아우성이다. 여윳돈도 없고 새벽별 보고 나가 한밤중 잠자러 오는 집이긴 하나 그 상태로 입주할 수는 없어 생각지도 않았던 수리를 하게 되었다. 기왕지사 고친 거 이쁜 집에서 잠이라도 이쁘게 자자 했더니 이사한 지 일주일도 안 돼 엘리베이터에 일장춘몽 날아가는 대자보가 붙었다.

[○○○호입니다. 아랫집에서 올라오는 담배연기 때문에 어쩌고…]

쿵! 그 아랫집이 우리 집이다.
사과라도 하려고 올라갔다. 불은 켜져 있건만 인터폰 하니 묵묵부답이다. 다음날 약간 변형된 대자보 또 부착. 그다음 날도 새로 붙은 대자보…
산 너머 또 산, 첩첩산중이구나!
다시 인터폰, 여전히 묵묵부답.
우리 가게 오던 손님이니 익히 아는 사이인데 직접 얘기해도 되련만 공공연히 대자보를 붙이고 대면은 안 되고…
대화로는 안 될 일이구나.
이럴 때 보통의 사람들은 어떻게 할까?
보통에 못 미치는 나는 도망치기로 했다. 산 지 며칠 되지도 않은 집을 다시 팔아달라 하니 그런다고 집을 파느냐고 부동산에서 깜짝 놀란다. 이런 환경에선 내가 숨이 막힌다. 이사만이 답이다.
담배를 끊거나 나가서 피우라고? 담배의 주인공은 팔십 넘은 어머니. 소화불량 때문에 지아비 앞에서 배운 담배를 서른다섯에 지아비는 가고 수많은 인생의 쓴맛 짠맛 매운맛, 오직 담배에서 위안을 얻고 사셨다. 더욱이 이젠 동맥 경화증으로 거동도 못 하고 방 안에서 피우는 담배만이 희로애락일 뿐이다. 불효자식인 나는 건강 생각해 담배 끊으라 않고 묵묵히 담배만 채워 놓는다. 담배 연기로 인한 분쟁을 피하려면 꼭대기로 가야겠구나. 그래서 대상 모를 신에게 기도했다.

'눈곱만큼의 동정이라도 베푸셔서 제발 꼭대기 층에서 살 수 있게 도와주세요!'

어느 신께서 들으셨을까?

탑은 매물이 잘 안 나온다더니 갑자기 탑이 나왔다고 연락이 왔다. 고를 상황이 아니므로 조건 불문 계약했다. 그리고 또 물먹었다. 지은 지 15년이 넘은 집이다 보니 곳곳이 한숨 부르는 몰골이다. 그런데 걸림돌이 하나 생겼다. 새로 계약한 집에 살고 있는 세입자의 전세 기간이 삼 개월 남아 있었는데 이사는 삼 개월 후에 하되 계약과 동시에 잔금 정산할 조건으로 집을 팔겠다고 한다. 1가구 2주택 정리해야 해서 필수라고 한다.

나도 이 집만이 필수인데…

무슨 수로 잔금 일억을 미리 치르지?

나름 믿을만한 사이라고 여긴 모든 사람에게 일 이백이라도 부탁했지만 한결같이 마음은 있으되 돈이 없다고 한다. 이제껏 내가 맺어 온 관계라는 것이 이토록 얕은 것이었구나.

포기할 수도 없어 마지막 전화기를 들었다.

띠리리…

"여보셔요…" 묵직한 목소리.

"아저씨 안녕하시죠? 저 ○○엄마예요."

"어 그려 그려. 잘 지내지?"

거두절미 다짜고짜

"아뇨 잘 못 지내요. 돈 좀 빌려주세요."

"얼마나…"

"일억요…"

"언제 줄까…"

"아저씨 저 진짜 돈 필요해요!"

"그려, 언제 주냐니까…"

띠~~o!

"진짜 빌려주실 거예요?"

"아 그럼 ○○엄마가 빌려 달래면 줘야지."

"일억을요?"

"그려 준다니께."

"여차여차한 일이 있어서 잔금 받는 대로 바로 갚을게요. 계약서도 쓸게요."

"계약서는 무슨, ○○엄마가 말하는 건 팥으로 메주를 쒔대도 믿어."

십사 년간 세 들어 살았고 작은 아파트 사서 떠나온 지도 십사 년 된, 전직 주인집 아저씨한테서 그렇게 로또 당첨됐다. 일이 잘 매듭지어지고 마음 담은 작은 봉투를 얹어 드렸다. 아저씨는 이러면 다신 안 본다고 극구 사양했지만 이런 일로는 다신 안 볼 생각으로 꼭 쥐여 드렸다. 우여곡절 끝에 새로 이사 온 집은 19층 탑 위에 옥상정원이 있는 선물 같은 집이다.

이제 나는 농담한다.
쉬운 길은 내 인생이 아니다.
도전!
인생!

삶과 죽음

나는 어머니와 오랜 시간 함께 지냈다.

태어나 어머니와 떨어져 산 기간은 열두 해뿐이다. 열두 해 떨어져 살다가 아픈 딸 때문에 다시 함께 살게 된 어머니는 딸의 몸은 건강해지고 정신력도 단단해졌는데 어머닌 십 년을 편찮으시다 내 품에서 돌아가셨다.

일흔아홉, 발가락 끝에서 시작된 염증으로 허벅지를 절단하지 않을 경우 패혈증으로 한 달을 못 넘길 거라던 선고에서 다행히 혈관확장 시술로 다리를 보존하고 십 년을 우리 곁에 계셨던 어머니. 어머니와 보낸 시간은 변해가는 한 사람의 인생을 지켜본 시간이자 내일의 내가 겪을 수도 있는 일이란 걸 깨달은 시간이었다.

처음 발병하고 걷지도 못할 때는 업고 병원에 다녔다. 쉽지 않았지만 이를 악물고 업고 다녔다. 그러다가 휠체어를 대여했다. 휠체어 대여는 거동이 어려운 환자가 있는 집에선 정말 고마운 시스템이다.

업고 다니던 힘 다 어디로 가고 나중에는 어머닐 일으켜서 휠체어에 앉히는 것조차 힘에 겨워 휠체어에 앉히려다 떨어뜨린 적도 있었다. 골반 부서졌을까 봐 얼마나 놀랐는지. 그 후론 혹시라도 놓칠 걸 대비해 휠체어 앞에 방석부터 쌓아두고, 심호흡을 하고, 기를 모으고, 젖 먹던 힘까지 쥐어짜 어머닐 안아 휠체어에 앉혔다. 어머닌 점점 여위고 가벼워지는데 나는 왜 점점 더 힘이 드는 걸까.

　투병의 시간만큼 내가 늙었던 것이다!
　오랜 투병을 지켜보며 생각하고 또 생각했다.
　삶이란 무엇인가!

　어느 날 한잠 자고 화장실에 가려는데 무릎에 심한 통증이 왔다. 통통 부은 무릎은 구부릴 수도, 힘을 줄 수도 없었다. 몇 걸음만 가면 화장실인데 코앞의 화장실도 갈 수 없다니…
　엉덩이로 배밀이 하듯 겨우 화장실에 이르러 온 힘을 다해 양변기에 걸터앉고 아픈 다리를 양변기 앞 라디에이터 위에 뻗쳐 놓았다. 예전 같으면 이런 순간들을 죽을힘을 다했다고 했을 것이다.
　죽을힘을 다해 화장실에 갔고…
　죽을힘을 다해 휠체어에 앉혔고…
　아니다.
　죽을 만큼 힘든 일은 그런 일이 아니다.
　죽을힘을 다했다는 말 함부로 하지 말자.
　그날 이후 수없이 생각했다. 언젠가 내 몸이 자유롭지 못하다면,

다른 사람에 의해서 입고, 다른 사람에 의해 먹고 움직여야 한다면, 그것은 삶인가?

그 삶이 어떤 것인지 나는 안다. 처음으로 기저귀를 차던 어머니를 잊을 수 없다. 어머닌 영민하고 깔끔한 분이셨다. 어머닌 우리가 아기일 때도 우리가 남긴 음식을 절대 안 드실 만큼 비위가 약해서, 새끼 먹든 음식이 뭐가 더럽다고 그러냐며 아버지가 다 드셨다고 한다. 걷지 못하고 앉은뱅이로 계시면서도 어머니 옆엔 늘 박스테이프가 있었고 테이프로 주변의 이물질들을 수시로 찍어내셨다. 그런 분에게 딸이 기저귀를 채워주니 오만가지 비장한 맘이었을 것이다. 처음엔 기저귀를 완강히 거부하셨다. 당연히 받아들이기가 쉽지 않은 일이었다. 기저귀 해야 된다고 설득하다 포기하고 어머니께 말씀드렸다.

"어머니, 소변 마려우면 저를 부르셔요. 금방 올게요."

그러나 나는 집에 있는 사람이 아니었다.

그나마 다행인 것은 집 가까운 곳에서 일을 하니 부르면 언제라도 갈 수 있었지만 어머니의 몸은 조절 기능이 점점 떨어지고 있었다. 전화 받고 집에 가면 이미 이불이 흥건했다. 방수 패드 세 개를 번차례로 돌려도 방안엔 악취가 고이고 전기매트도 여러 개 버렸다. 그러자 어머닌 소변을 덜 보려고 과일이나 국물 있는 것을 안 드셨고 이번엔 신부전증으로 7개월을 못 넘긴다는 진단을 받았다.

"어머니, 기저귀를 하고 물이라도 마음 편히 마시는 게 좋지 않겠어요?"

그런 후에야 기저귀를 받아들이셨다. 기저귀를 채우고 나니 이번엔 내가 받아들일 수 없는 것이 있었다. 그것은 '볼일'이었다. 그래서 어머니가 볼일 있다고 부르면 어머니 뒤에서 겨드랑이에 손을 넣어 안다시피 끌어서 양변기에 앉히고 볼일 끝나면 그대로 목욕을 시켜 드리곤 했다. '볼일'이란 어머니식 대변이다. 어머니는 평소 말을 가려 하는 분이었고 후에 치매를 앓을 때조차 똥이란 말을 입에 올리지 않으셨는데 우리에게도 욕 같은 거 하지 말라고, 애비 없이 커서 그렇단 소리 듣는다고 단도릴 해서 우리는 농담으로도 년, 놈 소리 한 번 안 하고 컸다. 어머니가 한 최대의 욕은 '저것들'이었다.

어머닐 힘들게 한, 인간의 가치를 부여하기엔 너무 사람 같지 않은 사람에게 뱉은 가장 심한 욕, 저것들, 그것들…

어느 새벽, 시장에서 장 보고 있는데 볼일 생겼다고 전화가 왔다.

"저 지금 시장에요. 최대한 빨리 갈 테니까 조금만 참아보셔요!"

부아아앙~~~~

달려왔지만 속수무책. 무안한 어머니가 스스로 뒤처리를 하려다 옷이며 이불이 똥 치레가 되었다. 아무 말도 할 수 없었다. 그냥 씻기고 옷가지는 버리고 이불도 버리고 새로 이불 깔고 개운하게 갈아입힌 뒤 당부했다.

"어머니, 혹시라도 다음에 볼일 보시면 저한테 전화하고 그대로 가만히 계셔요. 절대로 치우려고 하지 마세요. 그게 저 도와주는 거예요. 아셨죠?"

그런데 그 후로 '그런 일'이 자주 생겼다.

치매가 진행된 것이다.

그 깔끔한 분이 더러운 걸 인식하지 못했다. 가게에서 일하다 수시로 집으로 뛰어 올라가고, 배달하다 집으로 뛰어 올라가고…

주변에선 어머닐 요양원에 모시라고 했지만 그럴 수 없었다. 발가락 끝에서 시작된 동맥 경화증으로 어머니는 발가락 여덟 개를 잃었다. 발가락이 소실된 자리는 아물었지만 뼈가 드러난 채여서 살짝만 스쳐도 쓰라린 외마디를 냈고, 스치는 실오라기도 아리다며 한겨울에도 양말을 발가락 부분을 잘라내고 신으셨다. 그런데 수술 후 간호 병동에 입원해 계실 때 간호사들이 어머니한테 하는 행동을 보고 어머닐 절대 요양원에 보낼 수 없다고 결심했다. 꽃 같은 간호사들이 대변 받아내는 것이 안쓰러워 멀쩡한 인삼 딸기를 검은 봉지에 담고는

"과일가게를 하는데 무른 게 좀 있어서 가져왔어요. 드려도 될까요?"

멀쩡한 과자도

"유통기한 다 된 과자인데 드려도 될까요?" 했더니

은방울 같은 말씨로 "할머니~~ 어디 불편한 데는 없어여? 필요한 거 있으면 언제든지 이거 꾹 눌러여어~ 제가 금방 달려올께여~~"

손녀같이 살갑게 말했지만

"할머니 아픈 덴 어때여어~~?"

발 덮은 시트를 훌떡 젖힐 때마다

"아이구구구… 아이구 아이구…"

"어머 죄송해요, 할머니. 많이 아프세요?"

잦은 비명과 죄송하다는 말 사이에서 내 애간장은 녹아내렸다.

아, 정말… 가만있어도 아픈 발을…

간호받는 시간이 반복되는 고통의 시간이었다. 일부러 그러는 게 아니라는 건 안다. 환자 개개인의 상태를 맞춤으로 돌보기엔 그들이 돌보는 환자는 여럿이고 할 일도 많았다. 아무리 힘들어도 그때 생각만 하면 요양원에 모실 수가 없었다.

어머니에겐 나 말고도 자식이 더 있고 손주들도 있지만 막상 어머니가 건강을 잃었을 때 어머니를 감당할 자식은 나뿐이었다. 언니가 있었지만 그 자신도 환자여서 제 몸 건사도 못하다 어머니보다 삼년 먼저 다른 세상으로 떠났다. 남동생도 지방의 직장에서 주말에나 간간이 올라올 뿐이었다. 가게 일하랴, 어머니 챙기랴, 나는 날다람쥐처럼 날아다녔다. 옆 지기 언니가 쉬는 일요일이면 술, 음료, 아이스크림, 과일 등 가게 밖에 있는 물건 일체를 펼쳐둔 채로 출입문만 잠그고 집으로 올라갔다. 평소 가게를 지키고 있어도 손타는 일 다반사지만 그럼에도 내 선택은 한 가지였다.

집에 가자.

기저귀 갈고 진지 드리자.

없어지는 물건은 내 것이 안 되려고 그런 것이다.

가져가고 남은 것만이 내 것이다.

십여 년간 단 하루의 예외도 없이 어머니를 살피는 일은 오롯이 내 몫이었다. 힘들 때마다 생각했다.

'우리' 어머니가 아니다.

'내' 어머니다. 내가 해야 된다.

자주 시시포스를 떠올리던 날들이었다.

이곳으로 이사 오기 전 동탄에 살 때는 병원에 가려면 시장에서 장 본 물건 허둥지둥 가게에 내려놓고 쏜살같이 동탄으로 가서 어머닐 모시고 병원 가고, 진료 끝나고 다시 동탄 집에 모셔다드리고 가게에 오면 네다섯 시간이 훌쩍 가버린다. 조금의 시간이라도 아끼려고 휠체어를 날다시피 밀고 다니며 접수하고 처방전도 미리미리 약국에 팩스 전송하고… 그래도 병원 올 때나 콧바람 쐬는 어머니, 빵 좋아하는 어머니와 꼭꼭 베이커리로 가서 겉은 느긋하게, 가게 생각하면 타는 속으로 천천히 빵 맛을 음미하는 어머니를 지켜보곤 했다. 첫 수술 후 조금씩 걷기 시작하면서 콜택시를 보내 가게로 모시고 오게 했다. 진료 끝나고 가게에 도착할 즈음이면 또 택시 불러서 어머니 혼자 보내드렸다.

어머니 병원 예약되어 있던 어느 날, 하필 전날 오른 손바닥에 화상을 입었다. 어쩌겠는가. 붕대 감은 채로 왼손과 오른팔로 겨우겨우 어머닐 휠체어에 앉히고 병원에 갔다.

여의치 않은 사정이 생겨 동탄에서 동백으로 이사 올 때 평생 웬

수 돈 때문에 투룸으로 이사할까 했으나 어머니 때문에 반드시 엘리베이터가 있어야 된다 결론짓고 전세 대출, 약관대출, 캐피털, 끌어올 수 있는 돈 모두 끌어다 아파트 전세 얻었더니 보호 본능 유발하는 여리디여린 모습에 끌려, 이 손님 저 손님 소개해 준 공도 없이, 2년 지나 전세 재계약하려던 건물 주인과 곰 사이에 끼어 집을 홀랑 팔아버린 미모의 ○○ 부동산. 전세나 집값이나 거기서 거기니 2년마다 떠돌지 말고 차라리 집을 사자. 샀더니 어머니 담배 냄새 때문에 못 살겠다고 윗집에서 연거푸 대자보 붙이는 바람에 살아보지도 못하고 되팔고 이사해야 했던 일.

다 지난 일이다.

근래에 이웃님의 '인생 책'이라는 빅터 프랭클의 '죽음의 수용소'를 읽었다.

나를 죽이지 못한 것은 나를 더욱 강하게 만들 것입니다.(p.130)

우리는 글자 그대로 기쁨을 느끼는 능력을 상실하고 말았던 것이다. 앞으로 천천히 그것을 다시 배워야만 했다.(p.138)

나는 아우슈비츠에 있었던 것도 아닌데 아우슈비츠에서처럼 막막한 날을 보냈다는 생각이 든다. 매일이 막다른 벽이었다. 오늘만 살아내기에도 버거웠다. 나는 수시로 나에게 말했다.

'오늘만 살자' '내일은 내일 살자'

그러면서도 작은 꽃을 보면 순간 행복했고, 노을을 보며 감탄했다. 빅터 프랭클처럼.

나를 견디게 한 것은 모든 것은 끝이 있다는 것이었다. 언제가 될지 알 수 없지만 모든 시작은 결국 끝에 이른다는 것. 그 생각만이 숨 쉴 수 있는 유일한 돌파구였다.

모두 지난 일이다

이십 년을 앓다 간 언니, 그리고 어머니를 보며 나는 끊임없이 삶과 죽음에 대해 생각했다. 내 마지막을 어떻게 맞이할 것인가. 언니의 이십 년은 형부가 없었으면 존재하지 않았을 시간이었다. 형부는 그만큼 헌신적이었다. 언니에겐 형부가 어머니에겐 내가 있었지만 나는…

내 아들을 나처럼은 살게 하지 않겠다.

건강하지 않다면 100세를 누린들 무슨 의미가 있겠는가. 언제 떠나든 사는 동안 건강하고 큰 고통 없이 생을 마무리할 수 있다면 그걸로 족하지.

헨리 데이비드 소로우를 병문안 하고 온 친구가 말했다고 한다.

"그처럼 큰 기쁨과 평화로움을 가지고 죽음을 기다리는 사람을 본 적이 없다."

나의 마지막도 그리되길 소망한다.

소리에 놀라지 않는 사자처럼
그물에 걸리지 않는 바람처럼
진흙에 더럽히지 않는 연꽃처럼
무소의 뿔처럼 혼자서 가라

– 불교 경전 '숫타니파타'에서

진짜와 가짜

늘 바쁘게 사신 우리 어머니.

계란 행상하며 조개도 잡던 시절, 계란 팔러 집집이 들리면 사람들이 대낮에 테레비나 보고 있더라고, 대낮에 집에서 테레비 보는 팔자가 젤 부럽더라, 하셨다. 조개 잡으러 가면 채 물러나지 않은 썰물에 갯벌이 열리기를 기다리는 그 잠깐, 사람들이 모이기만 하면 연속극 얘기더라고, 연속극이란 걸 본 적도 없는 어머닌 연속극이 그렇게 재밌는 거냐? 하셨다. 칠십이 되도록 어머닌 한가하게 연속극 한 번을 제대로 보지 못하셨다.

팔십이 넘어 편찮으시면서 바깥출입도 제대로 못 하고 TV만이 유일한 친구였던 십 년. 어머닌 연속극을 보며 울고, 웃고, 개탄하셨다. 매일 나오는 똑같은 광고조차도 즐거워하며 "저 사람 좀 봐라, 맨날 요 시간만 되면 저렇게 웃으면서 드려~~요, 한다."

그런 얘기를 할 때의 어머니 표정은 한없이 무구했다. 그런 어느 날, 불효자식들 때문에 허구한 날 속 끓이는 드라마 주인공이 안타깝던 어머니.

"부모한테 저렇게 못되게 구는데도 다들 구경만 하고 그냥 두네."
하더니 사건 드라마를 보며

"저놈이 뻔히 범인인 걸 나도 아는데 왜 그냥 두냐, 저번에도 잡혀 갔는데 벌써 나왔나 보네, 저런 사람이 활개 치고 다니다니 경찰도 다 허당이구나. 저런 사람을 풀어줘서 또 저렇게 못된 짓거릴 하고 다니게 하다니."

혀를 차며 통탄하는 어머니께 진실을 알려드렸다.

"어머니, 저건 진짜가 아니고 다 지어낸 얘기예요. 저 사람들은 진짜 가족이 아니고요, 저 깡패도 사실은 진짜 깡패가 아니라 깡패인 척 흉내 내는 거예요."

"저게 다 지어낸 얘기라고? 진짜가 아니고?"

어머닌 몇 번을 되물으셨고 몇 번을 확인시켜 드렸다. 전부 가짜라고, 그런 게 연속극이라고.

"여태 진짠 줄 알았더니 다 가짜 얘기였구나. 난 가짜는 싫다."

그때부터 어머니 드라마를 보지 않으셨다. 새로운 프로그램이 생기면 언제나 "얘, 저건 진짜냐, 가짜냐." 물으셨고 아무리 재미있게 봤던 프로일지라도 가짜 판정을 받는 순간 시청을 딱 끊으셨다. 가짜 얘긴 다 쓸데없는 거라며 뉴스만 보셨다. 아침마당이나 6시 내 고향, 신동엽의 안녕하세요는 진짜 판정을 받고 어머니께 오래 사랑받은 프로다.

그런 어머니가 마지막까지 바친 사랑은 아버지다. 어머니 서른다섯에 여읜 마흔의 아버지. 어머니는 그 아버지 곁으로 가고자 인천을 벗어난 지 오래인 자식과 살면서도 당신의 주소를 인천 외삼촌 댁에 두셨고, 외삼촌마저 돌아가신 뒤에는 큰집으로 전입을 하면서까지 주소만큼은 인천을 떠나지 않으려고 하셨다. 그것은 오직 아버지 묘가 인천에 있었기에 돌아가신 뒤에라도 아버지 곁에 있고 싶은 마음 때문이었다. 늘 진짜와 가짜를 헤아리던 어머니. 치매로 온전하지 않은 상태에서도 여든아홉 어머니가 그리워하던 아버지를 향한 그 마음은 진짜였다.

이제 어머니는 아버지와 나란히 계시다.

진짜, 오랜 시간이 흘러도 변하지 않는 것.
진짜와 가짜를 분별할 혜안을 가질 것.

다시 겨울

다시 겨울이야.
난 또 그대를 생각하지.
먼발치서 서성이던 베이지색 바바리를 떠올리지.

밖이 보이지 않던 일터.
점심 먹으려고 나왔을 때 그만 아뜩했어.
첫눈이 폴폴 내리고 있었어.
동료들은 식당으로 향하는데
눈이 내려도, 꽃이 피어도
덤덤히 배식대 앞에 줄 서는 게 우울했던 상처 입은 새 같던 스무 살이었지.

어느 날 그대는 같이 일하던 동료 편에 편지를 보내왔어.
동료에게서 내 얘길 들었다고 한번 보고 싶다고…
편지를 전해준 동료에게 나를 두고 무슨 요리했느냐 핀잔주며

원고지에 붓글씨체로 단정하게 쓴 편지를
주욱죽 찢어 쓰레기통에 버렸지.
그대는 회사로 편지를 보내기 시작했어.
그대 이름은 병아리 시인
시를 쓰고 그림을 그린다며 때로 자작 시를 보내왔지.

그리고 첫눈 내리는 날 그대는 찾아온 거야.
멀리 떨어진 경비실 근처에서 나를 보겠다고 기다리고 있었던 거야.
점심도 거른 채 내리는 눈을 바라보다
서성이는 그 모습을 보았지, 그댄 줄도 모르고
이따금 내 쪽으로 눈길을 던지던 그대도
그 눈길 끝에 닿은 사람이 나라는 건 몰랐을 거야.
우리의 첫 대면은 그렇게 엇갈린 길이었지.
근무 시간이 조금 여유로웠던 그때
오후 근무 시간 훨씬 지나 근무지로 오니
그대와 나의 징검돌인 동료가 볼멘소리를 했어.
- 왜 이제 오는 거예요, 그 형이 경비실 앞에서 한참을 기다렸는데
- 쓸데없는 짓 했네요.
말은 그렇게 했지만 아쉬웠어.
내가 본 건 호리호리한 베이지색 바바리뿐
어떻게 생겼을까.

기대했는데 못 봐서 서운했다고 그대는 답장 없는 편지를 보내고 또 보내고…
연말이 됐어.
종무식 끝내고 오니
누군가가 칠판에 커다랗게 메모를 남겨 뒀어.

- 미스 Y
모일 모시
동인천역 상록수 다방에서 데이트 신청

병아리 시인으로부터
자존심을 머리 꼭대기에 이고 있던 그때
무슨 오물이라도 되는 양 칠판을 빡빡 지웠지.
그 해는 눈이 많은 해였어.
연휴 내내 눈이 내리고 쌓이고
크리스마스 카드처럼 아름다운 설경이 되었어.
그 아름다운 날에도
나의 하루는 건조하게 지나가고 있었어.
그러다 그날이 바로 모일이란 생각이 났어 모시가 가까운 시간이었지.
간다 해도
약속 시간을 맞추기엔 너무 늦어버린 변두리에서

지금쯤 그대는 다방에 앉아 있을까?
기다릴까? 궁금했어.

연휴가 끝나고 그대는 전화를 했어.
당황하며 처음 들은 그대 목소리
오래 기다렸다고 다음엔 꼭 만나자고…
난 말했어.
저는 그쪽이 상상하는 사람이 아니에요.
어떻게 포장됐는지 모르지만
보는 순간 분명히 실망할 거예요.

그럼에도 또 연락이 왔어.
일요일 시민회관 앞에서 두 시에 만나요.
청바지에 베이지색 바바리 입고 있을게요.
꼭 나와요.

그날 이례적으로 특근이 있었어.
일하다 바깥 공기 쐰다고 잠깐 나왔더니
눈이 펑펑 쏟아지고 있었어.
그만 또 센티해졌지.
조용히 눈 속에 서 있는데
문득 생각난 거야. 시민회관 두 시

뭐 이런 남자가 다 있어.
만나자고 할 때마다 눈이 오네, 운명처럼.

반장한테 뛰어갔지.
- 잠깐 외출했다 올게요, 돈 좀 빌려줘요
- 무슨 일 생겼어요?
- 그 병아리가 시민회관 앞에 있겠대요.
택시 타고 가서 차 안에서 얼굴만 보고 올게요.
- 그런 일이라면 그냥 퇴근해요.
그 돈 안 갚아도 되니까 데이트나 잘해요.
- 왜 그러세요 차 안에서 얼굴만 보고 온다니까요.
- 데이트도 좀 하고 재밌게 살아요.
얼른 가요, 얼른. 그냥 퇴근해요. 알았죠?
참, 후덕했었지, 그 반장 아저씨.

들뜬 마음으로 택시가 지나가기를 기다리고 있었어.
기다려도 기다려도 택시는 오지 않고
눈길에 와들와들 떨다 이게 무슨 짓인가 싶더라고.
축 처져서 근무지로 복귀했어.
돌려주는 돈을 받으며 왜? 묻는 반장에게
제정신이 들었을 뿐이라고 했지.

그대가 싫었던 건 아니었어.
난 그대를 잘 알지도 못했으니
좋아할 일도 싫어할 일도 없었지.
단지, 난 좌초된 희망 없는 스무 살이었어.
인생 낙오자가 된 듯한 날들이었어.
난 미래를 꿈꾸지 않았지.
청춘인 줄도 모른 채 청춘을 흘려보내고
머리가 허옇게 세어 그대를 생각해.

전화가 왔어.
왜 안 나왔느냐고.
난 약속한 일 없다고 했지.
너무하다고 했었지.
모든 것은 일방적이었을 뿐 난 관심 없으니 앞으로 연락하지 말라고 했지.
그 후에도 몇 번의 전화가 있었고
동료 시켜서 나 퇴사했다고 전하게 했지.
그대도 알았지.
퇴사했다는 것은 거짓이란 걸
그리고 그대는 떠났지, 만난 적도 없이.
아주는 아니었어.
다시 연락이 왔어.

동아일보 며칠 자 신문을 보라 했어.
그대가 기고한 시 한 편
동아일보 구독하는 사람 수소문해서 읽었어.
그리고 또 시간이 갔지.
오랜만에 엽서가 왔어.
– 그림 그리며 여행하고 있어요, 소요산에서
아주 짧은 엽서였지.
그게 끝이었어.
우린 운명이 아니었던 거야.

참 많은 시간이 흘렀어.
그대는 화가가 됐을까.
시인일까.
아직 꿈을 붙잡고 있을까.

어느 날 군 입대하는 아들 태우고 가다가 봤어.
그대의 소요산
아… 저 산
여기 있었구나.
그렇게 스무 살의 추억을 다시 만났지.

다시 말할게, 우린 운명이었어.

만날 수 없는 운명.
만나지 않았기에 투명한 그리움 하나 남아
눈이 오면 그댈 생각해.
촉촉한 스무 살을 떠올려
늦었지만 추억할 스무 살을 있게 해 준 그대.

…고마웠어!

잘 있는 거지 청춘

손톱에 봉숭아 물 곱게 들이고 온 손님.
"첫눈 내릴 때까지 안 지워지면 첫사랑이 이루어진대요. 이루어지시길…"
웃으며 건네자
"그랬다간 큰일 나요!"
"아저씨가 첫사랑 아니시구나."
"당연히 아니지요!" ㅎㅎㅎ
입에 올리는 것만으로도 싱그러운 풀 향이 나는 첫사랑.

송곳처럼 뾰족하고 얼음처럼 차갑던 이십 대의 어느 날 휙 날아온 소리.
야!
야!
야~!
"너 부르는 소리 안 들려?"

"저 부르셨어요?"

"여기 너밖에 더 있냐?"

호흡을 고르고 천천히 다가가 가슴에 붙은 명찰을 가리켰다.

"한글 못 읽어요? 여기 '야'라고 적혔어요? 부르려면 똑바로 부르세요!"

"어쭈, 이 아가씨 봐라."

범 무서운 줄 모르는 하룻강아지처럼 나는 아무것도 두려운 게 없던 사회 초년생이었다. 오만해서도, 세상 물정을 몰라서도 아니었다. 친구들이 학교로 향할 때 공단행 버스를 타며 꿈꾸던 모든 것에서 추락한 나는 피돌기가 멈춘 사람처럼 싸늘했다.

그 얼마 전 선배들을 밀어내고 인스펙터가 된 나는 부서의 미운털이었다. 당시 인스펙터는 경력 5년의 고참이었다. 그런데 어찌 된 영문인지 어느 날 갑자기 인스펙터를 하라는 지시를 받았다. 입사한 지 얼마 되지 않아 검사 기준도 모르고 기존의 인스펙터가 여전히 근무 중인데 나더러 검사하라니. 못 한다고 했지만 과장님은 상냥하게 웃으며 말했다. "미스 유는 할 수 있어요." 과장님이 틀렸다. 고참들이 반발했다.

"미스 김 언니, 이번에 모모 제품 나올 거예요. 준비 좀 해주세요."

"너 잘났잖아. 니가 해."

"저어, 미스 최 언니 준비 좀 해 주시겠어요?"

"못하겠다면?"

할 때까지 해보자.

검수 밀려가며, 식사도 거르며 밀고 나갔다. 고참들은 겨우 마무리할 수 있을 만큼만 거들었다. 그것만으론 성에 안 찼는지 다섯 명이 보란 듯이 결근했다. 회사에선 결근자 전원을 해고했고 해고자들은 회사를 노동청에 고발했다는 후문이다. 과장님은 왜 신입생인 내게 인스펙터를 맡겼을까? 그 회사는 수출 주력 회사였는데 빈번한 클레임에 좀 더 신중한 검사를 강조했지만 개선되지 않았다. 그러던 참에 신출내기 작업 모습에서 새로운 기대를 한 것 같다. 내가 하는 일은 박스에 빨강 파랑 두 개의 명판을 찍어 테이핑한 뒤 제품을 포장하고 라벨을 붙여 팔레트에 쌓는 단순한 일이었다. 라벨엔 인스펙터와 최종 작업자 이름이 적혔는데 다른 조가 작업한 팔레트와 내가 작업한 팔레트는 멀리서도 뚜렷이 구분되었다. 다른 조의 박스는 명판과 라벨이 휘날리는 룽다처럼 중구난방 자유로운 반면 내 이름이 적힌 팔레트는 명판과 라벨의 위치가 줄 맞춘 듯 일직선으로 가지런했다. 그걸 보고 검사도 꼼꼼히 하지 않을까 기대했던 것 같다. 현장에선 거의 모든 대화를 반말로 했다. 호칭도 이름이 아닌 '야 아무개야'로 부르는 일이 다반사였다. 신경 곤두선 인생 낙오자한테는 머물고 싶지 않은 분위기였다. 여사원이 전원 신입 사원으로 교체되자 가장 먼저 한 일이 존대와 호칭이었다.

"미스 조, 이거 하세요."

"미스 박, 저거 하세요."

남자들이 함부로 '야, 야' 하면 응하지 말라고 당부했다. 그런 나한테 '야' 직격탄이 날아온 거다.

"그건 그렇고 너네 왜 물 안 떠다 놓냐?"

지금과 같은 정수기가 없던 시절, 한쪽에 물 주전자와 몇 개의 컵이 상시 준비되어 있었다. 그것은 당연한 것처럼 여사원들이 맡아 했고 당연히 나도 하려 했으나 갑자기 인스펙터가 되어 배우랴, 가르치랴, 미처 주전자까지 신경을 못 쓰고 있던 참이었는데 '야' 한마디에 전의 불끈해졌다.

"목마른 사람이 우물 판다잖아요. 마시고 싶은 사람이 떠다 드세요."

"이런 건 여자들이 하는 일이잖아. 예전 아가씨들은 잘도 떠다 놨는데 너흰 왜 안 하는 거야?"

"여자, 남자 따지려면 제가 해야죠. 그쪽은 남자라는 이유로 기본급여부터 더 받지만 같은 시간 일하고 저는 여자라서 급여도 적게 받고 있거든요. 그리고 입사할 때 여자니까 이런 것까지 하라는 규정은 없었어요. 예전 사람이 어떻게 했건 저한테 같은 걸 요구하지 마세요. 전 그 사람이 아녜요. 물은 제가 할 수 있을 때 하겠어요. 지금은 못 합니다."

"하! 이 아가씨 말 못 하는 줄 알았더니 말만 잘하네. 군기 좀 잡아야지 안 되겠다."

"군기 잡고 싶으면 군대로 가세요. 여긴 사회예요. 그리고 너, 반말 밖에 할 줄 모르니?"

"뭐야? 이 아가씨가 정말!"

"기분 나쁘세요? 그쪽이 반말할 때마다 제 기분이 딱 그렇거든요?"

평소 벙어리처럼 입 꾹 다물고 있지만 불합리한 일엔 막힌 입 트이는 곰이었다.

며칠 후 말투가 달라진 그 남자.

"미스 유, 물 좀 떠다 줄래요?"

"네!"

또 얼마 후, 검사 테이블로 온 그 남자.

"미스 유, 지금 무슨 생각 했어요?"

"제가 무슨 생각을 했다고 그러세요?"

"방금 웃었잖아요. 일하다 보니까 혼자 인상 쓰다 웃다 그러던데, 한두 번도 아니고 도대체 무슨 생각을 하길래 혼자 찌푸렸다 웃었다 하는 거예요?"

이 남자 일 안 하고 남의 얼굴 들여다보는 게 취미인가?

가시처럼 톡 뱉었다.

"그게 왜 궁금한데요?"

그 무렵 조카들은 나의 행복 바이러스였다. 암울한 청춘에 인상 쓰고 도리질하다가도 조카들과의 에피소드를 떠올리는 순간 내 얼굴엔 해사한 꽃이 피었다. 돈 벌어 조카 부대 끌고 여행 다니는 게 꿈인 곰이었다.

싸우면서 큰다든가 정든다든가.

어느 날 곰 부르는 소리.

미스 유~~

또 어느 날은
○○씨~~
또 또 어느 날은 실실 웃으며
○○야~~
"뭐 하는 겁니까? 지나가는 강아지 불러요?"
"너 화내니까 매력 있다."
아우 진짜!

어느 날 검사하는 걸 가만히 들여다보더니 B등급을 들고 묻는다.
"이건 왜 뺐어요?"
따지는 말투가 아니라 궁금해하는 말투다.
"이 부분이 이러저러해서요"
또 다른 걸 들고 이건 뭐냐고 묻는다.
"C급으로 빼기엔 아깝고 B급으로 보기엔 미진해서 일단 빼놓고 나중에 한 번 더 검토하려고요."
"그렇구나!"
착한 아이처럼 순하게 끄덕이는 남자.
수율 떨어진다고 웬만하면 통과시키라고 압력 넣던 남자가 달라졌다.

나는 여전히 업무 외엔 말 섞지 않는 여자.
상사 외엔 인사도 안 하고 쌔하게 지나다니는 여자.

눈길 줘도 쳐다도 안 보는 여자.

출근하면 에어클리너실을 통과하게 되어 있었다. 어느 불행한 아침, 에어클리너실에 그 남자와 나, 달랑 둘이 들어가는 사태가 벌어졌다. 이 남자 다짜고짜 내 두 팔을 꽉 잡더니 "야, 너 왜 아는 척 안 해."
어휴! 또…
"굳이 아는 척해야 돼요?"
"그래, 아는 척 좀 하고 살자, 할 거야 안 할 거야"
팔에 가해지는 완력을 느끼며 마지못해 대답했다.
"할게요. 팔이나 놔요."
"진짜지. 앞으론 꼭 인사해라."
나쁜 남자 같으니…

그날 이후, 걸핏하면 다가와 쓸데없이 업무 외의 말을 걸곤 했다. 습관처럼 라벨지 뒷면에 詩를 필사하고 있으면 어깨너머로 들여다보고 이 시는 어떻다는 둥 촌평을 하고 아무 때나 눈만 마주치면 싱긋 웃어주는 거다. 이상한 건 이 나쁜 남자가 점점 안 나쁘게 보이는 거다. 반말해도 괜찮고 이렇게 부르거나 저렇게 부르거나 거슬리지도 않았다. 그런 시간들이 지난 어느 날, 동료 여사원이 다가와 조용히 말했다.
"미스 유, 아무개 씨가 본인 생일이라고 몇 사람 초대했는데 나랑 미스 유도 같이 오래요."

"미스 박이나 가요. 나는 안 가요."

"아무개 씨가 미스 유한테 말 꺼내기 어렵다고 날 보고 꼭 같이 오라고 했어요."

"말도 안 되는 소리. 평소엔 말도 잘하면서 말 꺼내기 어렵다니, 초대받은 사람이나 가요. 난 안 가요."

굳세게 뿌리쳤다.

다음날

"너 어제 왜 안 왔냐? 너 올 거라고 해서 엄마가 일부러 음식 해놓고 기다렸는데… 너만 가자고 하면 안 간다고 할 거 같아 미스 박한테 같이 오라고 한 건데."

이 남자 나한테 왜 이러니. 아… 길 잃은 청춘 흔들린다. 몸속의 뾰족한 가시들이 무디어지는 것 같다.

간간이 들려주는 그의 이야기는 그의 집안이 꽤 괜찮은 집이라는 것. 동생들은 잘나가는데 본인만 삐딱거리다 이제야 마음잡고 이 공장까지 왔다는 것. 꽤 괜찮은 그의 집이 내 마음의 문을 닫았다. 그럴듯한 집에서 중매가 들어올 때마다 어머닌 완곡히 거절하셨다.

"너무 넘치는 집안으론 안 보내요."

그리고 나한테 이르셨다.

"송충인 솔잎 먹어야지, 갈잎 먹으면 죽는다."

중매 넣었다가 거절되자 직접 찾아온 아주머니도 있었다.

"아가씨, 우리 집으로 오면 손에 물 안 묻게 할게요. 피아노나 치고 아가씨 하고 싶은 거 하고 살아요. 우리 집으로 와요."

　나도 어머니와 같은 생각이었다. 이 남자는 나에게 맞지 않는 옷 같았다. 남자가 다정할수록 그쪽으로 기울어질수록 흔들리는 나를 다잡았다. 맞지 않는 옷은 입으면 안 돼.

　그로부터 달아나듯 12월하고도 31일에 사직서를 냈다.

　이따금 그의 생각이 목에 걸렸다.

　일 년이 지나갔다.

　펑펑 쏟아지는 눈을 멍하니 보다 전화번호부를 뒤졌다. 당시엔 두툼한 전화번호부에 지역 전체의 번호가 모두 등재되어 있었다. 그의 집이 어느 지역이었다는 사실만으로 그의 번호를 수색했다. 그의 성은 희성이었다. 그걸 증명하듯 전화번호부에 그와 같은 성씨는 단 하나뿐이었다. 찾긴 찾았는데…

　그냥 들여다보기만 했다.

　한참 있다 또 들여다봤다.

　다음날 천천히 번호를 돌렸다.

　드르르르르 드르르르르 드르르르르…

"여보세요!"

　예상치 못했던 여자 목소리

"여보세요! 여보세요!"

"…저어 혹시 아무개 씨댁 아닌가요?"

"맞는데 왜 그러시죠?"

"통화 좀 할 수 있을까요?"

"잠시만요."

오빠 ~~외치는 소리

"여보세요!"

아…

"여보세요… 여보세요… 저 아무개인데 누구시죠?"

"……"

"혹시 ㅇㅇ 아니니?"

"맞아요.…"

"거기 어디야."

"송도~"

"송도 어딘데 바로 갈게."

다방도 아니고 송도역에서 만나기로 약속.

두근두근…

두근대는 가슴을 진정시키며 친구한테 전화했다.

"나 그 사람이랑 통화했어. 송도역에서 만나기로 했는데 너무 떨린다. 혼자서는 도저히 못 볼 거 같아. 나랑 같이 있어 줄래?"

동암역에서 송도역까지 득달같이 온 친구.

시린 발 동동거리며 이제나저제나 버스만 보는데 남자가 안 온다. 약속 시간이 훨씬 지나도록 안 온다. 덜덜 떨고 있는 친구한테 미안하기 짝이 없다. 망설이다 공중전화를 돌렸다. 곧바로 여보세요, 하는 그.

"……"

내가 말이 없자 서둘러 자초지종 설명하는 그.

"바로 나가려 했는데 동생이 정초에 어른들 모여 있는데 어딜 가냐고 잔소리를 해서 못 나갔어. 전화번호 줘 봐. 연휴 끝나고 전화할게."

뚝!

거기까지 듣고 전화를 끊었다.

친구는 동암으로 나는 싸늘해진 심장으로 집을 향했다.

삼 년의 시간이 더 흘렀다.

퇴근길, 고개 숙이고 걷는데 저만치 내가 가는 방향으로 다가오는 사람. 오른쪽으로 비켜 걷자 앞에서 다가오는 사람도 그쪽으로 다가온다. 이번엔 왼쪽으로 비키자 앞사람도 왼쪽으로 다가온다.

뭐지?

고개를 든 순간 바로 코앞에 서 있는 그 남자.

"오랜만이다."

"……"

"잘 지내는 거지?"

"……"

"너 되게 못 됐다. 사람이 어떻게 그럴 수 있냐?"

그때 한 사람이 눈에 들어왔다.

그의 뒤에 서서 먼 곳을 보는 옆모습의 여인

"일행이에요?"

"어? 음!"
예쁘장하고 수심에 찬 여인의 얼굴이 우리 쪽을 향했다.
"나… 약혼했어!"
잠시 현기증이 일었던가.
나보다 대여섯은 많았으니 그럴 나이도 된 거 같다.
그렇게 그는 그의 길을 나는 나의 길을 갔다.
아득한 옛날에…

잘 있는 거지?
내 청춘의 한 페이지여!

3부

사소하게 바뀐 운명

사소한 일

버스를 기다리고 있었다. 일주일에 두 번 작은아이 손을 잡고 한 번은 홈 패션, 또 한 번은 수묵화를 배우러 다니는 중이었다. 어느 날 나와 비슷한 연배의 여인이 다가오더니 "오늘도 가시네요?" 한다.

'이 사람 누구지?'

내 표정을 읽었을까?

"저 모르세요? 큰아이가 신풍 유치원 다니죠? 우리 아이도 거기 다녀요. 입학식 때 봤는데… 그리고 같은 아파트 살아요."

"아, 네… 제가 주변을 잘 둘러보는 성격이 아니라서 못 알아봤네요."

"그런데 자주 어디를 가세요?"

"뭐 좀 배우러 다니고 있어요."

"뭘 배우는데요?"

"그냥 뭐 좀…"

"저랑 보험회사 한 번 가 보지 않을래요?"

"아뇨, 아뇨, 안 가요."

큰일 날 소리라도 들은 양 고개를 절레절레 흔들며 손사래를 쳤다.

"보험회사에 다니라는 게 아니고 그냥 시험만 한 번 보라는 거예요."

"아뇨, 전 그런 거 안 해요."

"면접만 봐도 선물 주는데 같이 가봐요"

"아뇨, 전혀 그럴 생각이 없어요."

"그럼 부탁 하나만 들어줄래요?"

정말 끈질기다.

"뭔데요?"

"저는 보험 아줌마가 아녜요."

평범한 차림, 그런 것도 같고…

"보험 아줌마를 알고 있는데 시험 좀 봐 달라는 부탁을 받았어요. 그래서 면접 보러 가는 중이에요. 그런데 이번이 세 번째 시험 보는 거예요. 맨날 시험만 보러 다닌다고 흉볼까 봐 하고 싶지 않은데 부탁을 거절도 못 하고 이렇게 또 가게 됐네요. 저랑 같이 보험회사 문턱까지만 가주면 안 될까요?"

"죄송합니다."

"부탁할게요. 제발."

딱도 하지. 그렇게 하기 싫은 일을 왜 거절 못 하고. 처음 보는 나한테 말 붙이는 용기로 차라리 거절을 할 것이지. 그래도 저렇게 애원하는 저 심정은 또 오죽하랴.

"문 앞까지만 가 주면 돼요?"

그렇게 어이없는 일로 버스를 탔다.

"보험회사에 시험 보면 컴퓨터도 가르쳐 준대요."

솔깃

"보험 일 안 해도요?"

"네, 무료로 가르쳐 준대요."

"정말요?"

"정말로요!"

그 얼마 전에 국비로 배우는 정보처리기능사 학원에 등록했었다. 열심히 배워서 재택근무를 해 보려 구상했는데 수업 첫날 선생님께서 내 손을 꼭 잡고 있는 아이를 보며 아이는 수업에 들어올 수 없다고 했다. 아침 10시부터 오후 4시까지 수업인데 그럼 아이를 어디에 맡기지? 5살인데 형편상 유치원을 못 보내고 있었다. 할 수 없이 수강을 포기했는데 시험만 봐도 컴퓨터를 가르쳐 준다고?

"아이를 데리고 가면 안 되겠지요?"

"데리고 가도 괜찮아요. 보험회사에서는 컴퓨터를 가르쳐 주려 해도 배우려는 사람이 없어서 제발 배우라고 야단이래요. 가기만 하면 대환영일 걸요?"

구구절절 꿈같은 이야기. 버스에서 내릴 즈음 내 가슴엔 희망의 바람이 빵빵하게 차올랐다.

"저도 시험 볼게요!"

"어머, 생각 잘하셨어요. 얼른 면접 보러 가요"

함께 간 사람을 보며 면접관 하는 말.

"또 오셨네. 시험만 보지 말고 일 좀 하시죠."

대꾸도 없이 우물쭈물 옆 사람의 인적 사항 기입이 끝나고 내 차례가 되었다.

묻는다.

주소, 이름, 생년월일…

답한다.

주소, 이름, 생년월일.

고개도 들지 않고 받아 적으며 하는 말.

"앞집 뒷집 다 모였으니 반상회 해야겠네."

그 말뜻을 몰라 멀뚱한 표정으로 있으니

"우리 위층이시네, 언제 이사 오셨어요?" 한다.

그 말을 들으며 속으로 생각했다.

(보험회사 사람들은 농담을 즐기는구나)

그런 내 속이 보였나 보다.

"믿지 못하겠어요? 어제 두 달 만에 계단 물청소했던데 동참하셨습니까?"

이게 무슨 소리야.

어제 반장이 왔었다. 겨울 동안 청소를 안 해서 복도가 너무 지저분하다고, 그래서 계단 물청소하기로 했다고. 그곳으로 이사 간 지 얼마 되지 않아 누가 누군지도 모르던 차에 청소 끝나고 아랫집에서 차 한 잔씩 마시며 겨우 인사 나누었을 뿐인데, 그 집이 면접관의 집이라고?

아, 망신, 망신…
선물이나 받으려고 온 줄 알겠구나!
"저, 이거 없던 일로 해 주세요. 시험 안 보겠어요."
자리에서 벌떡 일어나 뒤도 안 보고 돌아왔다.

아주 사소한 일

농담이겠지.
우연히 상황이 맞아떨어진 농담일 거야.
집에서 와 전전긍긍하다 아래층 인터폰을 눌렀다.
"저, 실례지만 남편께서 어떤 일을 하시는지 여쭤봐도 될까요?"
"아, 네. 보험회사에 근무해요."
설마…
"혹시 어떤 보험회사인지…"
"대한 교육보험요."
오, 이런 이런…
"그런데 그걸 왜 궁금해하세요?"
실은 낮에 여차여차하게 보험회사에 갔답니다. 그리고 이차저차한 일이 있었지요.
"어머머, 신랑 맞아요. 그냥 시험 보지 그러세요. 하하하"

집으로 올라오니 가슴이 답답하고 머리가 지끈 지끈하다. 아래,

위층에서 이게 뭔 일이람. 선물은 둘째치고 그나마 합격도 못 할까 봐 지레 포기한 거라고 생각하진 않을까? 안 되겠다. 일단 시험은 합격하고 그다음에 당당하게 그만두자.

다음날, 작은 아이 손을 잡고 보험회사에 다시 갔다. 강사는 열정을 다해 지식을 넣어 주려는데 공부라는 글자와 담쌓은 지 십몇 년에 돌머리가 바윗덩이가 되어 도무지 보험 상식이 소화되지 않는다. 큰일 났다. 시험에 낙방했다간 어떻게 고개 들고 다니지? 복습을 했다. 머리 싸매고 예습도 했다. 아이가 다가온다.
"어머니, 배고파요."
"조금만 참아. 엄마 공부 좀 하고."
식음을 전폐하고 공부했다.

마침내 시험이 끝나고 다음 날 영업소에 가니 조회에 참석하란다. 400명은 족히 되는 조회 시간에 느닷없이 국장님이 내 이름을 부르며 앞으로 나오라고 한다. 당연히 내 이름일 리가 없다고 생각하고 멍하니 앉아 있자 그동안 낯 익힌 영업소 식구들이 얼른 나가라고 떠민다.
이게 뭔 일이래. 어정쩡 앞으로 나가니
"여러분, 박수 주세요, 박수!"
정말 무슨 일이지?
내민 손에 강제로 악수 당하고 뻘쭘 서 있으니 국장님 또 바람 잡는다.

"제가 보험회사 근무한 지 22년 됐습니다. 22년 동안 이런 점수는 전무후무했습니다. 예비 테스트 6번, 본시험까지 7번 모두 올백입니다. 박수, 박수!"

아… 어지러워. 내가 그런 일을 했다고?…

우레 같은 박수 속에 '대한 교육보험' 금박 문양을 새겨 넣은 곰솥 세트를 선물로 받고 후들거리는 두 다리가 주저앉기 직전 제자리로 왔다.

그리고 깨달았다.

노력하면 되는구나!
그동안 노력을 안 했던 거구나!

잘 가라, 어제의 나여!

"내일부턴 저 안 나옵니다!"

당당하게 선언해야 되는데 왠지 아쉽다, 칠백 점. 기왕지사 합격한 거 컴퓨터나 배워볼까?

그런데 양성 교육을 이수해야 컴퓨터를 가르쳐 준다고 한다.

그래? 까짓것 교육받지 뭐. 무료로 배울 수 있다는데.

하루, 이틀, 사흘…

집에서 자유롭게 있던 주부들이라 교육 시간에 몸을 이리 꼬고 저리 틀며 지루해하는데 이상하게 나는 교육 시간이 좋았다. 특히 130여 명 되는 아줌마들을 숨소리도 못 내게 압도하던 히틀러 과장님 교육 시간은 오히려 신선하기조차 했다. 나는 출구 없는 지난한 살림꾼에서 다시 희망으로 가득 찬 여학생이 된 것처럼 설레는 마음으로 한마디 한마디에 집중했다. 교육생 중에 일하겠다고 작정하고 온 사람은 아무도 없었다. 시험 좀 봐 달라는 부탁을 거절하지 못하고 마지못해 온 사람들이 대다수였다. 그런 사람들의 의식을 일깨워 일하는 사람으로 바꾸려는 것이 양성 교육 과정이었다.

그러나 교육 일수가 더해질수록 교육생은 하나, 둘 줄어 마지막엔 7명의 교육생만이 남았다. 교육을 받으며 나는 할까, 말까 딜레마에 빠졌다.…

나도 한 번 해 볼까?
…보험설계사는 아무나 하니?
…처음부터 잘하는 사람이 어디 있어? 배워가며 하면 되지
…대인 관계도 안 좋은 사람이 뭘 한다고?
혼자 묻고 답하기를 반복하던 어느 날, 히틀러 과장님,
무게 잡고 천천히 입을 연다.

여러분!
여러분은 지금 기회 앞에 서 있습니다. 기회는 누구에게나 공평하게 주어집니다. 기회는 아주 빠르게 눈 깜짝할 사이 왔다가 지나갑니다. 현명한 사람은 깨어 있다가 기회가 왔을 때 꽉 붙들어서 자기 것으로 만듭니다. 그러나 대부분의 사람들은 기회가 십 리 밖으로 달아난 뒤에야 아, 그때가 기회였는데… 후회를 합니다. 그러나 한 번 지나간 기회는 절대 다시 오지 않습니다.
기회를 잡은 사람이 될 것인가.
후회하는 사람이 될 것인가.
선택은 여러분의 몫입니다.
……
찌르르 전류가 지나갔다.

언제부턴가 나는 불치병을 앓고 있었다.

병명은… '했더라면'이었다.

그때 아버지가 그 사기꾼을 만나지 않았더라면, 실패하지 않았더라면, 돌아가시지 않았더라면… 그랬더라면… 그랬더라면… 포기해야 하는 모든 순간마다 '… 했더라면' 병을 앓았다. 그리고 포기했다. 포기를 숙명으로 받아들였다. 그날 나에게 선언했다. 이 시간부터 '… 했더라면'과 절교다. 이제부터 내 생은 내가 개척하겠다.

잘 가라, 어제의 나여!

나의 등대

일하기로 결심하고 내내 엄마 손 잡고 함께 보험교육 이수한 다섯 살배기 아이를 유치원에 등록했다.

당시 대한 교육보험의 여왕인 강순이 님 한 달 급여가 3천만 원이라고 했다. 93년도에 한 달 급여가 3천만 원이면 달마다 복권 당첨되는 셈이다.

나는 삼백도 안 바란다. 내가 그분처럼 노력한다면 그분이 삼천만 원 벌 때 삼십만 원은 벌 수 있지 않을까?

그래, 한 달에 삼십만 원만 벌어보자.

일을 시작한 곳은 군산이었다. 경기도에서 군산으로 이사 간 지 얼마 되지 않아 아는 사람이라곤 눈 씻고 찾아도 코빼기도 없는 사고무친 지역이었다. 할 수만 있다면 모든 인맥을 동원하고 싶지만 평소 사람들과 어울리기보다 혼자 있는 걸 좋아하던 나, 형제간에도 아쉬운 소리 절대 못 하는 나, 대인관계 제로인 내가 세일즈를 하겠다고 나선 것이다.

차라리 잘됐다. 아는 사람 전혀 없으니 도중 하차하더라도 손가락질당할 일도 없을 거야! 나약한 계산을 하며 세일즈 북을 들었다.

설문지를 30매 받아오라고 한다.
동기생들은 아는 사람한테서 받아오기도 하고 서로의 필적을 바꿔가며 할당 매수를 채우는데 융통성이라곤 좁쌀만큼도 없던 곰.
어디 가서 누구한테 설문지를 받아오지?
고민하다 그나마 조금 낯 익힌 집 앞 슈퍼 아주머니한테 첫 장을 내밀었다. 떨어지지 않는 입으로 겨우
"저어… 앙케이트 한 장 부탁해도 될까요?"
했을 뿐인데, 평소 민들레 홀씨처럼 보드랍던 슈퍼 아주머니. 갑자기 눈꼬리가 변하며
"아유~~ 지겨워, 또 보험이야?"
한마디 뿌리고는 가겟방으로 쏙 들어갔다.
잠시 어정쩡하게 서 있다가 가게를 나오는데 어찌나 무안하던지, 그대로 집으로 돌아와 소파에 한껏 편안히 누워 천정에 대고 얘기했다.
- 종이에 이름 석 자 받기도 이렇게 어려운데 무슨 보험을 한다고. 그냥 아껴 쓰고 맘 편히 살자.
그런데 조금 있으니 오기가 고개를 든다.
- 그 아주머니도 그렇지, 보험 가입하라는 것도 아니고 이름 하나 써달라는데 그렇게까지 쌀쌀할 건 뭐야. 평소 친절한 건 다 장삿속이었구나!

돌아갈 수 없는 날의 풍경 ■ 163

그러자 시험 성적이 생각났다.

생애 처음으로 획득한 전무후무의 올백을 이렇게 날리다니…

유치원에서 돌아온 작은아이 손을 잡고 다시 설문지를 챙겼다.

어디로 갈까!

마침 아파트 앞에 있는 파출소가 눈에 들어왔다. 회사에서 자꾸만 직장을 방문하라고 하던데 저곳 한 번 들어가 볼까?

파출소 문을 살그머니 열다가 정면에 앉아 있던 경찰관과 딱 눈이 마주친 순간 깜짝 놀라 얼른 문을 닫았다. 그리고 되돌아가려는데 안에서 부르는 소리가 들린다. 경찰관의 부름에 감히 도망도 못 가고 문을 열고 얼음처럼 서 있으니 무슨 일로 왔느냐고 묻는다.

"대한 교육보험 신입생입니다. 앙케이트 한 장 부탁드립니다." 씩씩하게 말했으나 경찰관은 귀가 먹었는지

"뭐라고요?" 소리친다.

"저어… 대한 교육…"

"안 들려요, 크게 말씀해 보세요."

"저어… 저어…"

'대한 교육보험 신입생입니다. 앙케이트 한 장 부탁드립니다.' 했다는 것은 희망 사항일 뿐 실은 무슨 말을 하고 있는지 내 귀에도 들리지 않았다. 경찰관이 가까이 오라고 한다.

"무슨 일로 오셨는지 알아듣게 천천히 말씀해 보세요."

그 순간 내 손을 꼭 쥐고 있던 포도알처럼 까만 아이 눈과 마주쳤다.

아이한테 엄마란 존재는 세상의 전부가 아니던가!

아무리 내세울 것 없는 엄마라도 아이한테만큼은 가장 든든한 존재가 아닌가!

그런데 아이가 보는 앞에서 무슨 죄인인 양 진땀 빼는 꼴이라니…

심호흡을 하고 배에 힘을 줬다.

그리고 똑똑한 학생처럼 또박또박 말했다.

"대한 교육보험 신입생입니다. 앙케이트 한 장 부탁드립니다"

"아~~ 앙케이트! 주세요, 써 드릴게."

쓰면서 부드럽게 한마디 보태는데

"힘들지요?"

찔끔했다.

*

주저앉고 싶을 때마다.

포도알 같은 아이 눈을 떠올렸다.

아이들이 등대였다.

성취감

파출소에서 나와 아이를 집으로 들여보냈다.
"엄마 잠깐 나갔다 올 테니까 집에 있어. 절대 밖에 나가지 말고."
아이들 앞에 부끄럽지 않은 엄마가 되겠어. 당당하고 열심히 일한 엄마로 기억하게 할 거야. 오늘 설문지 30장 채우기 전엔 절대 집에 들어가지 않겠다. 굳게 결심하고 도로변 상가로 향했다.
첫 집, 떨리는 마음이 드러나지 않길 바라며 크게 심호흡한 뒤 설문을 부탁했다. 나를 아래위로 훑어보더니
"처음인가 봐요?"
그리곤 스스슥 설문지 완성.
왜 아니겠나, 어린애가 봐도 온몸에서 초보티 폴폴 나는 걸.
두 번째 집, 가타부타 말도 없이 외면.
세 번째 집, 두 번째 집 따라 하기.
네 번째 집…
.
.

누가 그랬다. 처음이 어렵다고. 천 리 밖 강순이 씨도 첫날 이랬을 거야… 혼자 중얼중얼하며 70여 곳을 돌아 설문지 삼십 장을 채웠을 때 나는 더듬지 않았다. 떨리지 않았다. 문 저쪽엔 맹수도 있고 무생물도 있지만 따뜻한 체온을 가진 '사람'도 있다는 걸 알았다.

해냈다, 할 수 있다는 희열로 가득 차서 어두운 길을 돌아왔다.

*

거창한 일만 성취감을 주는 것은 아니다.
아주 작은 일로도 성취감은 크다.

길 닦기

회사에선 직장 개척을 강조했다.

가정 시장은 끝났습니다. 지금은 너 나 없이 직장에 다니기 때문에 가정방문 해도 사람을 만날 수가 없습니다. 직장으로 가세요. 직장으로… 직장으로…

강조하고 또 강조했다.

연고 시장도 한계가 있습니다. 개척을 해야 됩니다. 그러나 인맥과 가정방문에 길들여진 기존 사원들은 새로운 길을 가려 하지 않았다.

이제 막 걸음마 하기 시작한 곰, 사고무친 규수이기도 하지만 가진 건 없고 자존심만 차돌멩이 같은 외골수라 다져놓은 끈끈한 인맥 하나 없었다. 결국 직장으로 갈 수밖에 없었다. 개척을 할 수밖에 없었다.

그런데 직장은 어디 있지?

허구한 날 버스도 한 정거장 전에 내리거나 다음 정거장에서 내려 걷지 않아도 될 길을 걸어 다니는, 우리 집도 잘 못 찾아다니는 나인데, 군산 어디에 무슨 직장이 있는지 어찌 아누…
 고민하며 버스 정거장에 서 있는데 누가 다가와 길을 묻는다.
 "저어 시청이 어디 있는지 아세요?"
 오잉? 제대로 아는 길 하나 없는 나한테 길을 묻다니. 그것도 딱 하나 알고 있는 건물을 묻다니. 어깨에 힘주고 똑바로 알려 주었다.
 "요 건물이 시청이에요."
 시청은 대한 교육보험 옆집이었고 나는 바로 앞 정거장에 서 있었던 것이다.
 가만, 감사하다며 떠나는 그를 황급히 따라갔다.
 "그런데 시청엔 왜 가세요?"
 "자동차 관련해서 처리할 서류가 있는데 시청 민원실에서 해야 된다네요."
 "시청이 아무나 들어가도 되는 곳이에요?"
 푸하하…
 "당연하죠! 시민을 위한 곳이잖아요. 볼 일이 있으면 들어가야죠."
 나는 경찰서는 죄지은 사람이 붙잡혀 가는 곳이고 시청은 동사무소 직원보다 높은 사람들이 양복 입고 앉아 있는 곳인 줄 알았다.
 저 사람을 따라가 보자.
 민원실에 앉아서 업무 보는 사람들을 신기하게 구경하다가 문득 나의 본분이 생각났다. 그동안 상가를 돌며 갈고닦은 프로 솜씨로 자리마다 인사하며 설문지를 돌렸다. 다 돌리고 수거하고 게시판을 보니 건물 안내도가 있다.

이쪽은 위생과 저쪽은 건설과 그 옆에 도시과…
아니, 이 안에 무슨 과가 이리 많지!
그렇다면…
'과'라고 쓰인 곳마다 샅샅이 조사하고 다녔다.
이름이 무엇인가요. 생년월일, 결혼기념일은 언제이신지. 자녀 이름과 나이도 알려 주세요. 취미, 월급 다 적으셨네, 100점입니다.
우등생에게 드리는 부상입니다!
예쁘게 포장된 제침기 증정.

드디어 출입할 직장 하나 생겼다.

버스 인연

어느 날, 오늘은 어디를 갈까 하며 버스 정거장에 서 있는데 문득 버스에 부착된 노선도가 보였다. 노선을 훑다가 제일중학교 이정표를 발견했다. 으흠, 저 버스가 제일중학교로 데려다준단 말이지? 냉큼 탑승.

버스 노선표 정말 요긴하다. 굵직한 회사는 다 알려 주고 데려다준다. 도착해서 보니 어? 중학교 옆에 고등학교도 있네. 아싸!

또 어느 날이 지난 어느 날, 제일중, 고등학교를 향해 버스 한자리 차지해서 가고 있었다. 어디쯤에선가 정차했던 버스가 출발하자 승객 한 분이

"기사님, 교육청 앞에서 세워 주세요~"

이런다. 이제 막 출발하던 버스를 급정거하며 기사님 소리친다.

"여기가 교육청입니다, 얼른 내리세요!"

그 소리에 나도 정신이 번쩍 들어 후다닥 뛰어내렸다.

"저기요~~ 같이 가요~~~"

"그쪽도 교육청에 가시나 봐요?"

"네"
(방금 교육청에 볼일이 생겼지요)

교육청에 설문지를 돌렸는데 기입한 직위들이 대부분 '장학사'였다. 학교 다닐 때, 장학사님 온다고 하면 대청소를 하고 환경미화를 하던 일이 생각났다. 장학사님 한 분께 그 이야기를 하며
"그때는 장학사님이 너무나 높고 높은 분이어서 감히 쳐다보지도 못했는데 오늘 보니 눈 코 입이 저하고 똑같이 생기셨네요" 하며 웃었다.
"다 옛날얘기지요, 지금은 학교에 가도 오나 보다 가나 보다 합니다. 하하하"
그런데 이 장학사님이 취미란에 '그림'이라고 적기에 유심히 보니 교육청 현관에 걸린 그림의 화가 명과 같은 이름이었다. 그림을 좋아하는 곰이 현관에서 마주친 그림에 이미 눈 맞추고 온 터였다.
"어머, 현관에 걸린 그림이 선생님 작품이었군요?"
"봤군요? 맞아요, 내가 그렸어요."
"원광대 병원 로비에서 본 작품도 화풍이 선생님 작품 같은 걸요?"
"어이구 그림 볼 줄 아시네. 내 작품 맞아요. 그림 전공했어요?"
"아뇨, 그냥 좋아해요."
작품을 알아보니 장학사님 신바람이 났다.
당신의 친구인 KBS 군산 방송국 국장한테 전화해 놓을 테니 찾아가 보란다. 방송국 가서 알았다. 왜 국장님을 소개해 줬는지를. 방송국 현관에 장학사님의 커다란 그림이 떡하니 방문객을 맞이하고

있었다.

우연히 버스 정거장에서 보험회사에 발을 들여놓았고, 버스를 기다리다 우연히 방문처가 생기고, 우연히 생긴 버스에서의 또 다른 인연도 있었으니.

퇴근길 빽빽한 버스 안에서 가까이 서 있던 어느 분과 눈이 마주쳤는데 왠지 낯이 익었다. 더욱이 이분, 호의적인 눈웃음을 보낸다. 나도 미소로 응답하며 생각했다.

어디서 봤더라…

사람을 잘 기억하지 못하는 치명적인 단점이 있던 나는 세일즈를 하면서 아무나 눈만 마주치면 인사하는 습관이 생겼다. 방문하는 곳의 사람인데 인사도 안 했다고 뺨 맞을까 봐 아무한테나 인사 남발하는 팔푼이가 된 것이다.

"저어, 어디서 뵌 것 같은데 어디서 봤을까요?"

"글쎄요, 어디서 봤을까요?"

"시청? 교육청?…"

"아니고, 아니고…"

스무고개 하다가 건네주는 명함을 보니 노동청 군산지부 모모 과장님.

(나 누군지 모르죠?)

내일 정식으로 인사드리겠습니다.

오뚝기

　오라는 곳은 없어도 갈 곳을 찾아 동분서주하는 곰. 이렇게 뛰고 있는 나는 보험 하는 사람인가. 앙케이트 수집하는 사람인가?

　월말까지 15만 원 이상의 계약을 체결해야 정식 영업사원으로 위촉된다는데 월말이 다 되도록 한 건의 계약도 못 하고 발바닥이 불나게 앙케이트만 받다가 월말이 되었다. 동기생들은 진작에 지인들이 도와줬다며 계약을 다 채웠는데 나 혼자만 커트라인에 오도록 아무런 실적이 없었다. 평소 사람들과 잘 어울리지도 않고 아쉬운 소리 하는 것도 싫어하던 나는 큰아이 가졌을 때, 주기적으로 쌀이 떨어져도 친정어머니한테조차 손을 벌리지 않았다. 가족들은 속상해할 게 뻔해서, 다른 사람들한테는 자존심 상해서 그냥 굶었다. 그렇다고 굶어 죽은 건 아니지만 세일즈에는 전혀 도움이 되지 않는 폐쇄적인 성격이었다.

　15만 원…

　정 안 되면 내 계약이라도 넣고 등록을 해야겠지만 형편상 쉽게 선택할 수 있는 상황이 아니었다. 고민하고 고민했다.

'이제까지의 나를 뛰어넘어야만 한다.'

마침 첫아이를 임신 중인 올케에게 전화했다.
올케, 이만저만 한데 아기 교육보험 준비할 거면 나한테 좀 하지 않을래? 하니 덜떨어진 시누이와 달리 똑 부러지는 올케, 신협에 근무하는 언니한테 할 거라고…
나라도 시누이보다 당연히 언니한테 하고 싶을 것이다. 한숨 푹푹 쉬다가 셋째를 임신 중인 외사촌 언니를 떠올렸다. 평소 나한테 말이라도 살갑게 하고 무엇보다 언니네 사업이 잘되어 형편이 날로 번창하고 있다는 소리를 들었기에 멀고 먼 인천으로 희망의 버튼을 눌렀다. 막상 통화가 되자 용기는 어디론가 사라지고 고작 한다는 말이
"언니, 나 보험회사 입사했어. 혹 가다 보험 들 일 있으면 기왕이면 내 생각도 좀 해줘." 했을 뿐인데
"너까지 보험 하냐?"로 시작해서 하고많은 일 중에 하필이면 왜 보험이냐, 날이 날마다 진드기 같은 보험 아줌마들 땜에 보험이라면 아주 지긋지긋한데 이젠 너두냐, 할 일이 그렇게도 없냐…
모멸만 한 바가지 뒤집어썼다.
가만히 전화기를 내려놓았다.
그런데 나, 성격 참 이상하다.
밟히면 꺼져가던 용기가 용수철처럼 튀어 오른다.

하필이면 보험이냐고? 보험이 어쨌는데. 도둑질이라도 되는 거야? 반드시 성공해서 우뚝 서겠다. 앞으로 절대 아는 사람한테 보험 권유 따위 하지 않을 것이다.

각오만 하면 뭐 하나.
당장에 희망이라곤 쥐 수염만큼도 없는데. 코가 쑥 빠져 영업소에 귀소하니 주무가 다가와 속삭인다.
"여사님, 설계사 등록됐어요."
"어… 어떻게?"
"양성 과장님이 여사님 앞으로 계약 넣었어요."
"뭐어?"
그간 계약은 씨알맹이도 못 건지고 발바닥 부르트게 앙케이트 종잇장만 주워 나르는데도 히틀러 과장님은 오늘은 어디를 갔다 왔느냐고 관심을 보이며 온갖 사은품을 지원해 주셨다. 그런데 계약까지…

씨 뿌리는 농부

아침에 눈 뜨면 거울 속 나에게 소리친다.
"난 할 수 있어!"
걸으면서도
"난 할 수 있어!"
잠꼬대로
할 수 있어, 할 수 있어…

걸어가며 생각한다.
나보다 1년, 10년을 앞서간 사람들이 있다. 내가 그 사람들을 따라가려면 그 사람이 한 걸음 걸을 때 나는 세 걸음을 걸어야 한다. 그 사람이 한 사람 만날 때 나는 세 사람을 만나야 한다. 한곳이라도 더 가고 한 사람이라도 더 만나야 된다. 그런 생각을 하며 의식적으로 빨리 걸었다. 사람들이 ktx라고 부르는 빠른 걸음은 그때 생긴 습관이다.

앙케트에 기입해 준 기념일이 오면 장미 한 송이를 예쁘게 포장하고 축하 메시지를 담아 건넸다. 본인의 생일이면 당일에 축하했고 결혼기념일이나 배우자의 생일은 전날 축하해 줬다. 본인의 생일이야 잊어도 본인이 서운할 일이지만 혹여 결혼기념일이나 배우자 생일을 잊으면 배우자가 서운해할 수 있으므로 그런 뜻을 전하진 않았지만 잊었다가도 꽃을 받는 순간 아, 내일이란 걸 상기할 수 있도록 전날 주는 것이다. 남자분일 땐 귀띔도 했다.

"이 꽃 웬 아줌마한테 받았다고 고백해서 괜히 꼬집히지 말고 내일이 모모한 날이잖아, 작지만 당신 주려고 샀어, 고마워! 이렇게 말하고 사랑 듬뿍 받으세요~~"

이 작은 일을 사람들이 정말 좋아했다. 당장은 아니어도 어느 때쯤 가입하겠노라 약속해 주는 잠재 고객들이 늘었다.

사람마다 성향이 있다. 성향에 따라 영업 방식도 다르다. 관심을 보이면 끈질기게 설득하고 유도해서 일사천리로 계약을 체결하는 사람도 있지만 나는 농부였다. 공들여 키워서 때가 되어야 수확하는 농부다.

한해살이 씨앗을 뿌린다면 한 해 수고만큼 수확을 얻을 것이다. 사과나무를 심고 대추나무를 심는다면 수확하기까지의 시간은 걸리겠지만 한 번 열매를 맺으면 해마다 실한 열매를 거둘 수 있을 것이다. 유실수를 심자. 한 나무, 한 나무 잘 키워서 커다란 과수원을 만들자.

첫 열매

어느 날, 고객한테서 암보험 든다며 영업소로 나를 찾는 전화가 왔다.

우와~~~!

내가 조금만 가벼웠어도 붕~~떠서 천장 뚫고 날아갔을 것이다. 개척해서 드디어 첫 고객의 가입 의사를 들은 것이다.

그때나 지금이나 보험 든다고 하면 대체로 한 구좌 두 구좌 이런 표현을 한다. 당연히 나도 덜렁 한 구좌 설계했을 텐데 프로 소장님, 한 달 보험료를 얼마 정도 예상하고 있는지 물어보란다. 5만 원 정도 예상한다고 하니 월 보험료 5만 원인 3가지 유형의 설계서를 출력했다.

"잘 들으세요. 매월 같은 돈을 납입하고 보장은 2000만 원을 받을 수도 있고 6000만 원을 받을 수도 있어요. 여사님이라면 어떤 돈을 받고 싶으세요?"

"당연히 6000만 원이죠!"

"저도 그렇습니다. 문제는 고객들이 납입 기간도 보장 기간도 긴 것을 싫어해요. 그러나 만약의 경우 암 진단을 받으면 그 시점부터 잔여 보험료는 납입 면제되고 보장은 계속 받아요. 그런데 납입 기간 짧게 해서 완납하잖아요? 그러면 이미 납입한 보험료는 돌려주지 않아요. 그래서 납입 기간을 최대한 길게 해 놓아야 확률적으로 더 많은 혜택을 받을 가능성이 있는 거예요. 누구나 60세까지는 생산활동을 하잖아요. 그러니 앞으로 10년간은 벌어서 집 사고 그다음엔 암보험 하나 들고 암보험 끝나면 연금 들고 할 것이 아니라 납입 기간을 길게 잡아서 세금 내듯이 돈을 쪼개 일부는 적금 붓고 보험도 준비해서 동시에 여러 가지 준비를 해 두는 것이 현명한 미래 설계인 거예요. 또한 납입 기간을 길게 해서 같은 금액으로 한 구좌 했을 때보다 3구좌를 하면 고객은 세배의 보험금을, 여사님은 세배의 수당을 받는 거예요."

아하! 그래서 생활 설계사라고 하는구나!

이후 다른 고객들도 납입 면제의 혜택을 인지시켜 보험기간 납입 기간을 최대한 길게, 가입 금액도 형편에 따라 0.8구좌 또는 2.3구좌를 설계했다.

고객을 찾아가 차근차근 설명했다.

"열심히 일하는 모습이 아주 좋습니다."

덕담까지 하며 사인을 했다. 감추려고 해도 자꾸만 입언저리가 씰룩거렸다.

얼마나 고마우신 고객님인가!

내 형제도, 친척도 외면한 보험을 눈 맞춘 지 한 달도 안 되어 생면부지 나한테 가입해 주다니.

너~~~무 고마워서 증권 전달할 때 의례적인 감사가 아닌 고마운 마음 듬뿍 담아 성의를 표했다. 내가 준 것은 작은 물건이지만 그 안에 진정으로 기쁘고 고마운 마음을 담았다. 계약자에게 내가 들이는 정성을 본 옆자리 직원이 내가 보험 가입한 아주머니랑 비교되네요, 했다. 그러자 다른 분도 나는 무조건 형수님한테 보험 들었는데 다음엔 아주머니한테 해야겠어요, 했다.

아! 뿌듯.

첫 고객을 시작으로 나의 고객은 언제나 연고가 아닌 개척해서 맺은 인연으로 결실을 맺었다. 그분들 덕으로 내가 살고 있다는 자각을 잊은 적이 없다. 나를 도와준 한 분 한 분께 다시 한번 감사드린다.

병아리 강사

입사 한 달이 지나고 차기 신입생들 교육이 한창인 어느 날, 과장님이 교육장으로 올라오라고 한다. 영문도 모르고 올라가니 강단에 올라가 신입생들에게 어떻게 활동하고 있는지 이야기하란다.

말도 안 되는 소리.

여왕 마마 강순이 씨라면 몰라도 병아리 중의 햇병아리인 내게서 들을 말이 뭐가 있다고. 강단에 강제 소환되어 눈 둘 곳도 못 찾고 있자니 과장님이 묻는다.

"언제 입사했지요?"

"지난달에요."

덜덜덜…

그 한마디 하기를 지금 떨고 있니?

"어떻게 입사했지요?"

.

.

.

"활동은 어떻게 하고 있습니까? 아는 사람이 많이 있나요?"
"아뇨. 이곳에는 이사 온 지도 얼마 안 되어 아는 사람이 없어요. 그래서 주변 직장들을 개척하고 있어요."
"개척해서 실적은 있었습니까?"
"네, 개척한 곳에서 주어진 실적은 채웠습니다."

묻고, 답하는 형식으로 겨우 진땀 나는 시간을 끝내니 과장님이 점심을 산다고 했다. 안 먹는다고 버티다 동료 설계사에게 붙잡혀 식당으로 갔다. 누구와 밥을 먹는 것이 어색하기만 했던 숙맥인 곰. 멀리 있는 반찬은 젓가락도 못 대고 내 밥그릇 앞에 있는 소금에 곰삭힌 조개젓만 집어 먹었더니 그 모양을 본 과장님.
"아주머니! 여기 조개젓 하나 더 주세요."
으~~~
짜다 못해 소태같은 조개젓을 또 내 앞에…
그날 물을 얼마나 마셨는지 다음날 눈이 사라졌다.

다음 달이 되었다. 과장님 오시더니 가방 좀 보자 하신다. 가방은 왜요? 007본드 가방을 보여주니 압수란다.
"잠깐 교육생들한테 시간 좀 내줘요."
"아. 안 돼요, 안돼. 못해요."
"지난번처럼 하면 돼요."
아… 정말

"어렵게 생각하지 말아요. 자, 메모지에 나무를 그려봅시다. 굵은 등걸에 이야기의 주제를 쓰는 겁니다. 그리고 곁가지 하나하나에 입사 동기, 활동 구역, 보람된 일, 힘들었던 일 등 작은 주제를 적고 탁자 위에 올려놓으세요. 이야기하다 보면 주제를 벗어나 삼천포로 빠질 때도 있어요. 그때 이 메모를 슬쩍 보면서 아, 지금 힘든 일에 대해 이야기하고 있었구나. 아니면 보람된 일에 대한 이야기를 하고 있었지, 하며 제 페이스를 찾을 수 있습니다."

정말 많은 가능성을 열어주셨다. 지금 생각해도 참 고마운 분이다. 강단에 섰다. 과장님이 도와주길 바라며 가만히 쳐다보니 도와주긴커녕 등을 돌리며 어서 시작하라는 손짓만 하신다. 할 수 없지!

– 안녕하세요! 모모 영업소 설계사 곰순이입니다. 이제 겨우 입사 3개월차 된 여러분과 똑같은 병아리입니다…

다음 달에도, 그다음 달에도 의례적인 것처럼 강단에 섰고 어느결에 개척을 어려워하던 기존 사원들까지 귀를 기울이다 가곤 했다.

변수

신입생 교육이 끝난 어느 날 과장님이 말했다.
"조금만 더 고생하세요. 교육 전담 내근직으로 일할 수 있게 해드릴게요."
"감사합니다."
말은 그렇게 했지만 그런 기회가 온다 해도 나는 그냥 설계사로 일하겠다고 속으로 생각했다. 동료들한테도 수시로 말했다. 걸을 수만 있으면 아흔아홉 살까지 보험 팔러 다닐 거야. 그만큼 보험 판매원으로 사는 삶에 만족했다. 내가 만약 연고로 활동했다면 서로의 관계는 불편해지고 자존감은 땅에 떨어져 얼마 못 가 영업을 때려치웠을 것이다. 돌이켜 보면 올케와 외사촌 언니가 등을 돌림으로써 스스로 물고기를 낚도록 길을 열어준 반면교사가 된 셈이다. 개척하면서 상처도 많이 받고, 눈물도 흘렸다. 그때마다 나는 나를 일으켜 세웠다. … 이 고객이 오늘 만난 사람 중에 가장 최악일 거야. 다음에 만나는 사람은 분명 이 사람보다는 좋은 사람일 거야. 얼른 그 사람을 만나러 가자. …

기다리지도 않는, 누구인지도 모르는 미지의 좋은 고객을 향해 걸으며 흘린 눈물이, 아픔이, 보약이 되었다. 영업을 하기 이전의 나는 잘 웃지도 않고 사람들과 어울리지도 않았다. 희망? 행복? 그런 것은 나와 상관없는 것으로 길들여진 내 표정은 차가웠다. 그러나 나는 달라졌다. 예쁘다 소리는 못 들어도 인상 좋다는 소리는 듣게 되었다. 그렇게 변한 나 자신이 마음에 든다.

그러나 사람일 참, 뜻대로 되지 않더라.

뿌린 씨앗을 제대로 수확도 못 하고 경기도로 다시 이사 가게 되었다. 주변에선 가지 말라고 했지만 나는 현실을 받아들였다. 이것도 거스를 수 없는 운명 중 하나라고. 무에서 유를 일군 것처럼 경기도에서 다시 개척하면 된다는 생각으로 이사를 했다. 이사가 마무리되고 다시 일을 해야 하는 데 걸림돌이 있었다. 한 주가 가고, 한 달이 가버리고, 벌릴 수도 없을 정도로 입이 헌 채 무기력하게 있던 어느 날 전화가 왔다.

- 곰순씨 되십니까?
- 네, 맞습니다. 어디 신가요?
- 저는 교육보험 경기영업국 국장입니다
- 아, 네. 그런데 무슨 일로…
- 군산 영업국 아무개 국장이랑 친한데 이 친구가 느닷없이 전화해서 우리 영업국에 곰순 님이 입사했느냐고 묻는 겁니다. 알아보니 곰순 님 이름은 없더군요. 그래서 그런 사람 없다고 했더니 전화번호를 알려 주면서 모시고 나오라는 겁니다. 보험회사에 있으면 한

해에도 수많은 설계사가 들어오고 나가는데 설계사 한 사람 그만뒀다고 해서 국장이 나서고 그러지는 않거든요. 그래서 얼마나 대단하길래 날 보고 모셔오라고 하느냐 했더니 모셔오면 안다고 그러네요. 다른 사람도 아니고 그 깐깐한 아무개가… 괜찮다면 지금 뵈러 가겠습니다.

— 아닙니다. 제가 당장은 일을 할 수 없는 사정이 있어서 준비되는 대로 인사드리겠습니다.

— 꼭 오십시오, 기다리겠습니다.

또 한 달이 지나갔다.

내가 출근할 경우 배정될 영업소 소장이라며 찾아오겠다는 전화가 왔다. 또다시 거절했다. 이제 군산에서의 일은 까마득한 옛일이 되고 내 안의 에너지는 고갈되었다.

다시 시작

연말이 되었다. 무기력하게 보낸 일 년간의 휴식에 인생 낙오자가 된 것 같다. 안 되겠다. 일어나자!

12월 31일.

출근하면 배정될 예정이라던 영업소를 찾아갔다. 자격이 상실되어 시험을 다시 봤다. 세일즈 북을 다시 들고 크고 작은 기업체들이 밀집해 있는 망포동을 향했다. 하룻강아지 범 무서운 줄 모른다더니 군산에서 내가 벌인 일이 범 무서운 줄 몰랐던 하룻강아지였음을 절감하며 기름진 옥답 다 날리고 다시 황무지를 개간할 생각에 착잡한 마음으로 공장 골목을 걸어갔다.

잿빛 하늘, 진눈깨비가 흩날리고 있었다.

시작하자!

고개를 세차게 흔들어 사념을 떨쳐버렸다. 심호흡을 하고 씩씩한 척 가장하며 첫 번째 회사로 곧장 들어갔다.

– 안녕하세요, 대한 교육보험 곰순이입니다. 보험에 관해 궁금한 거 있으면 24시간 상담해 드립니다. 언제고 불러주세요. 그리고 잠

깐만 시간을 내어 앙케이트도 부탁드립니다~~

다음 회사에서도

— 안녕하세요…

밤이면 아이들 자는 머리맡에 밥상을 펼쳐 놓고 취미로 수집해 둔 꽃 편지지에 좋아하던 詩를 한 편 한 편 옮겨 적었고 방문처 직원들에게 각기 다르게 적힌 詩를 나누어 줬다. 평소 詩에 관심이 없던 사람이라도 학창 시절 생각난다며 좋아했다. 소규모 업체에선 내가 도울 수 있는 일을 거들기도 했다.

그중 하나, 코팅 회사가 있었다. 점심시간에도 기계를 멈추지 않고 교대로 식사하며 작업하느라 바빴다. 유일한 장기가 힘쓰기인 곰. 식사 시간 내내 팔 걷어붙이고 완성된 코팅지를 옮겨 쌓는 일을 거들었다. 다음에 또 그 구역을 돌던 중 점심시간이 되자 문득 그 업체가 생각났다.

— 자, 데모도 왔으니 편하게 식사하고 오세요!

열심히 코팅지를 날랐다.

어느 날 그 업체를 방문하니 사모님이 보잔다며 직원이 공장 뒤켠에 있는 안채로 나를 안내했다.

"아주머니가 교육보험 곰순 씨예요?"

"네"

작업장에 함부로 드나들었다고 출입 금지하려나?

"짜장면 시켰는데 같이 식사 좀 하세요."

오잉?

"아, 아녜요. 괜찮아요." 했지만

왔다는 소리 듣고 시켰으니 먹고 가란다. 자꾸 거절하는 것도 예의가 아니다 싶어 맛있게 먹었다. 사모님은 일을 도와줬다는 소리 듣고 어떤 사람인지 궁금했다며 보험 아줌마 하면 옷이나 예쁘게 입고 말만 잘하는 줄 알았는데 뜻밖이라고 했다. 식사가 끝나자 데리고 있는 조카의 돈 관리를 해 주고 있다며 연금과 암보험을 설계해 오라고 했다. 다음날 연금, 암보험, 적금까지 3종 세트 계약을 했다. 옮겨온 직장에서의 첫 달 첫 계약이었다.

군산에서도 그랬지만 얼굴 익힌 지 얼마 안 되어 가입하는 고객들은 보험을 준비하려던 잠재 고객들이다. 다만 적기에 찾아감으로써 내가 열매를 딸 수 있게 된 것이다. 그러기에 가능한 한 사람이라도 더 만나야 하는 것이다.

보험으로 인연이 된 '우리'

꼴랑 한 살 더 많다고 형님 행세하며 지금도 찾아온다.

"엉아 왔다, 잘 지냈지?"

이따금 나도 전화한다.

"행님아, 잘살고 있지?"

누군가는 보고 있다

어느 날 어떤 회사를 방문했다.

점심시간이 되어 모두 식사하러 간 줄 알았는데 텅 빈 줄 알았던 작업장 한쪽에서 철컥철컥 기계 돌아가는 소리가 들렸다. 가까이 가니 혼자 일하고 있는 직원이 있었다.

기계 소음 때문에 큰소리로 식사 안 하세요~~~ 소리치니 하던 거 끝내고 가려고요~~ 메아리가 돌아온다.

곰은 그런 사람에게 호감을 느낀다.

누가 보건 안 보건, 알아 주건 몰라 주건 묵묵히 제 소임을 다 하는 사람.

그래서 다시 소리쳤다.

멋집니다~~ 직원들이 이렇게 열심히 일하니 틀림없이 이 회사는 크게 성장하겠네요. 수고하세요~~

소리치고 다른 직원들을 보려고 식당 쪽으로 향했다.

그런데 그 자리에 직원도, 나도 몰랐던 또 한 사람이 있었으니 그는 사장님의 동생인 부장님이었다.

우연히 지나가다 이 상황을 목격했단다. 그런데 내가 나가는 것과 동시에 운명처럼 S사 설계사가 다가오더니

누가 알아준다고 그러고 있냐고. 남들 쉴 땐 그냥 쉬라고 소리쳤단다.

그 설계사는 나도 아는 사람이었다. 가끔 같은 장소에서 마주치면 서로 목례하며 열심히 하세요, 인사 나누는 사이였다. 인사 나눈 후에는 대체로 내가 방문을 중단하고 바로 나오는 편이었다. 두 보험 아줌마가 동시에 방문하면 서로 먹이를 차지하려고 남의 직장 휘젓고 다니는 모양 같아 덜떨어진 곰이 물러나는 것이다.

그런데 S설계사의 조언을 목격한 부장님.
머리끝까지 진노해서 당장 나가라고, 앞으로 사내 출입하지 말라고 엄명을 내리셨다고…
사무실에 올라와 현장에서 목격한 일을 얘기하며 앞으로 곰순씨만 출입하게 하라 했다고 경리가 전해줬다.
우째 이런 일이…

어떤 회사에 처음 방문한 날. 이곳은 이미 삼성에서 오는 설계사가 있으니 오지 말라는 뜻을 비친다. 개척하면서 자주 들은 이야기다. 당시 직장 시장 활동은 삼성이 적극적으로 기반을 닦고 있을 때였다. 더욱이 이 도시는 삼성 도시라고 해도 무리가 아닐 만큼 삼성의 후광 속에서 성장하는 도시 아닌가.

질 게 뻔해서 피해 다니는 곰.
네, 알겠습니다! 할 줄 알았지?

물론 삼성 보험 좋지요.
그렇지만 회사마다 각각의 장점이 없다면 치열한 보험 시장에서 어떻게 건재할 수 있겠어요? 과자 하나만 봐도 해태, 롯데, 오리온 골고루 맛을 봐야 어떤 과자가 내 입맛에 맞는지 알 수 있지 않겠어요? 삼성 보험은 잘 아실 테니 이제 교보생명이 어떤 점이 좋은지 알아볼 기회를 드릴게요. 가입은 안 해도 괜찮아요.

어느 구름에서 비가 내릴지 모른다는 말이 있다.
누나가 삼성 설계사라서 웬만한 건 다 들었다는 고객님이 그 말을 증명해 줬다.

분기점

직장으로 영업을 다니다 보면 남자 직원이 월등히 많다. 어느 날 남자 직원에서 계약을 했는데 다음 날 바로 철회한다는 연락이 왔다. 내 영업 방식은 속전속결이 아닌, 지속적으로 보험의 필요성을 납득시킨 뒤에 계약하기 때문에 95% 완전 판매라고 자부하고 있었기에 뜻밖이었다. 이유를 물었다. 선뜻 답을 못하다가 아내가 해약하라고 한다 했다. 아내분을 직접 만나보마 하고 부인 연락처를 받아 집으로 방문을 했다.

부인과 이런저런 이야기를 나눈 뒤 술값으로 없앨 수도 있는 돈을 가족을 위해 보험을 들었으니 참 살뜰한 남편이라고 칭찬했다. 철회는 다시 철회되었고 이후 부인은 지인들을 소개해 주는 고마운 협력자가 됐다. 그런데 부인은 왜 해약하려고 했을까요? 왜 다시 유지하게 됐을까요? 보험 아줌마에 대한 근거 없는 불신 때문이었습니다. 대체 어떤 여자길래… (뭐, 이런…) 그런데 곰을 직접 보니 질투 유발 인자가 마이너스 급, 너무 안심되신 듯!

그 일을 계기로 직장에서 남자들이 계약하면 반드시 부인을 소개받았다. 지금이나 그때나 패션과 담쌓고 사는 곰. 여름엔 물 빠짐 좋은 정장 두 벌을 번차례로 빨아서 입고 봄, 가을 용도 많아야 두벌, 겨울옷도 두 벌뿐인 불쌍한 곰을 위해 부인들은 발 벗고 협력자가 되었다. 그리하여 계약자인 남편보다 부인들과 유대가 도타워졌다.

개척은 처음엔 순수한 개척이지만 시간이 지나면 소개에 소개가 더해져 반 연고처럼 된다. 기계약자님의 영수증은 매수가 점점 늘고 한 다리 건너, 두 다리 건너 나 대신 영업도 해 주기 때문이다. 최종 목표인 아흔아홉 정년을 향해 뛰고 뛰던 어느 날,

"어명이오!"

신인 지도장으로 일하라는 명령이 떨어졌다.

그 간 몇 번이나 못 한다고, 안 한다고 요리조리 피하고 도망 다녔으나 '회사를 위해 도와달라'는 말에 흔들렸다. 결정적으로 자격 미달인 곰을 위해 밟아보지도 못한 어느 학교 '장'까지 위조해 디미는 바람에 울컥, 명 받들고 말았다.

- 그 학교가 어디 있는 줄도 모르는데…
- 걱정 말아요. 본부장님이 한가하게 진짜배긴가 가짜배긴가 그런 거 조사하고 다니지 않아요. 우리만 입 다물면 아무도 몰라요.

(무덤 속까지 가져갈 기밀을…. 사문서위조 법정 시효가 몇 년인지.)

위조된 감투를 쓰고 내가 그랬듯이, 전혀 일할 생각이 없는 신인들에게 불을 지피려고 동분서주하다 그만 무릎 꿇고 말았다. 그 무렵 건강이 안 좋았다. 몹시 안 좋았다. 오전에 두 시간 교육하고 나

면 점심 식사 후 동반 활동해야 되는데 밥숟가락 들 기운도 없었다.

　기진맥진 탈진…

　너무 힘들다고, 도저히 못 하겠다고 했지만 안 들리는 것 같았다. 설계사로만 일하면 힘든 만큼 쉬엄쉬엄하면 될 텐데 신인들을 이끄는 입장에서 힘들다고 술렁술렁하는 것은 나 자신이 용납을 못 했다. 지도장이라는 무거운 짐에서 벗어나기 위해 S사로 이직할까도 생각했다. 그러나 곧바로 그래선 안 된다는 생각을 했다. 처음 입사한 그날부터 교보에서 나를 얼마나 인정해 줬나.

　나는 교보에서 다시 태어났다.

　그런데 이제 와 교보에 등을 돌린다면 고객한테도, 회사에도 배신자가 되는 것이다.

　그럴 순 없지.

새 길을 찾아

　일요일 아침 TV를 보고 있었다. 실은 TV 쪽에 눈길을 던져두고 생각은 다른 곳에 가 있었다.
　새로운 일을 찾아야 되는데… 이 시국에 어떤 일을 하지? IMF 온 지 1년 된 시점이었다. 앞으로 중학교, 고등학교, 대학교… 점점 더 많은 돈이 들어갈 텐데 일반 직장 월급으론 절대 감당하지 못할 일이다. 그동안 보험영업은 했지만 다른 분야에는 경험이 없다. 나름 열심히 일했으나 모아둔 돈도 없다. 일하면서 내가 목적으로 둔 것은 돈이 아니었다. 내 목표의 꼭짓점은 언제나 '아이들의 행복'이었다. 돈을 덜 벌더라도 아이들이 집에 있는 시간이면 가능한 아이들 곁에 있으려고 노력했다. 아이가 일찍 끝나는 토요일에 부득이 직장 방문할 일이 있을 땐 작은 아이를 데리고 다녔다. 건물을 임대로 사용하던 회사가 성장해서 신축한 공장에서 이전 발대식 할 땐 새 나라의 어린이 대표로 참석시켜 축하를 더했고 방문처의 나이 지긋한 상무님께는 할아버지 안녕하세요! 손주처럼 인사도 드렸다. 그러나 이제 모아둔 돈도 없이 전환점에 와 있다.

무엇을 할까.

문득 혼자 떠들고 있는 TV 화면을 보니 쌀에 대한 이야기가 한창이다.

- IMF에도 밥은 먹어야 됩니다. 부자든 가난하든 무조건 먹을 수밖에 없는 게 쌀입니다!

그러네!

- 옷처럼 유행을 타는 것도 아닙니다. 유행을 안 타니 재고 걱정 없습니다!

그러네!

- 인테리어도 필요 없고 큰 밑천 없어도 됩니다. 쌀에 대한 경험? 없어도 됩니다. 저희가 미질 좋은 쌀을 책임지고 공급해 드립니다!

그렇군…

장난감 가지고 놀고 있는 아들을 불렀다.

"아들, 이리 와 봐. 한 번 안아보자."

목에 팔을 두른 아들을 반짝 들어 올렸다.

오~~나 힘센 걸!

아들 몸무게 27kg

쌀은 고작 20kg

할 수 있겠는데!

평소 TV도 잘 안 보던 나인데, 일부러 튼 것도 아닌데, 어쩌다 본다는 것이 기존 채널도 아닌, itv에서 진행되던 쌀 프랜차이즈 방송을 보다니, 운명의 갈림길이었다.

 시작하는 것도, 마무리하는 것도 미적거리지 않고 바로바로 실행하는 곰. 다음날 바로 프랜차이즈 본사를 찾아갔다.

 "쌀을 누가 하실 건가요?"

 "저요!"

 "혼자요?"

 "네!"

 "여자분 혼자 하기엔 어려울 텐데…"

 "할 수 있어요. 20kg밖에 안 되잖아요. 제가 27kg도 거뜬히 드는 사람이에요."

 "정말 힘들어서 못 할 텐데."

 "걱정 마세요, 할 수 있어요."

 곰 사전에 못 하는 일이 어딨니, 닥치면 하는 거지!

사소하게 바뀐 운명

　일부러 돈 내고 헬스도 하는데 쌀 배달하면서 돈 벌고, 운동 되고, 건강 찾고, 일석삼조인 거야.
　프랜차이즈 계약을 하고 가게도 계약한 후 회사에 통보했다. 떡 드시러 오세요!
　그제야 소장님 깜짝 놀라며 하는 말
　"그렇게까지 힘들었으면 얘기하지 그랬어요."
　"말씀드렸잖아요, 힘들다고."
　"그래도 여전히 일은 열성적으로 하니까 엄살인 줄 알았죠."
　"아…"
　곰도 힘들다는 걸 사람들은 모르더라.
　새벽 4시면 일어나 아파트 전단 작업을 1시간 하고 집에 와서 아이들 아침 먹여 학교 픽업하고 다시 아파트 전단 작업과 식당 영업을 하러 다녔다. 그런데 이노무 쌀 너무 무겁네. 27kg 아들도 거뜬히 들어 올린 곰인데 20kg밖에 안 되는 쌀이 왜 이렇게 무겁니? 하루에 고작 쌀 서너포 팔고 저녁마다 몸살을 앓았다.

함정이 있었으니 매달린 아들의 엉덩이를 받쳐 안는 것과 바닥에서부터 온전히 내 힘으로 들어 올리는 쌀은 체감의 무게가 달랐다.

엘리베이터 없는 곳은 극기 훈련장이었다.

들기도 쉽지 않은 쌀을 계단으로 나르자면 계단 한 칸에 쌀 한 번씩 올려놓으며 헥·헥…

생각 같아선 엘리베이터 없는 곳은 배달을 거절하고 싶지만 하루 서너포의 판매량으로 찬밥 더운밥 가릴 수도 없는 일. 공사장에서 쓰는 등짐 지게를 살까? 그 지게는 어디서 팔지?

하루 두 포의 쌀을 소비하는 식당에서 열 포대씩 주기적으로 납품해 달라는 연락을 받고

이야~~나는 곰이다~~~!

천하장사처럼 포효했는데, 열 포 배달한 후 전화했다.

"사장님, 쌀을 다섯 포씩 배달하면 안 될까요."

"자주 오면 사장님이 번거로울까 봐 열 개 시킨 건데, 그렇게 하세요."

다섯 포 배달한 날 다시 전화했다.

"사장님, 매일 신선한 쌀로 두 포씩 배달해 드릴게요"

헬스 효과는커녕 안 그래도 시원찮던 몸이 일주일 만에 고장 나 열흘 넘게 병원에 누워 있자니 가맹비까지 쓰며 가게 벌여 놨는데 할 수도 없고, 접을 수도 없고 나오느니 한숨뿐.

미련 곰탱이, 그 힘든 걸 왜 했냐고 할까 봐 결론부터 말하자면 다

내게로 오시오!

내 이두박근을 철봉대로 쓰시오!

배운 게 도둑질이라고 보험회사에서 고객 관리하던 곰. 휴대용 PDA 셀빅을 들고 다니며 고객 관리를 했다.

'○동□호 고객님'

– 어느 주기로 어떤 쌀을 구매하는지. 리콜이 있을 경우 어떤 문제의 리콜인지 기록하기. A는 B를 소개했고 B는 C를 소개한 사람. 이 경우 ABC 똑같이 사은품 줄 것. 언제 어떤 사은품을 제공했는지 기록해서 중복 사은품 주지 않기.

고객님의 주문 전화

"몇 동 몇 호, 먹던 거요~~"

"감사합니다~~"

초간단 대화로 주문 끝.

바로 셀빅 열어서 토도도독…

고급진 10kg 쌀만 드시는 댁이구나

지난번에 아이비 갔으니 이번엔 싱고늄으로…

쌀집 하기 전엔 주변에 쌀가게가 있는 줄도 몰랐는데 전단 작업하려고 보니 현관문에 다른 쌀가게 전단지가 안 붙은 날이 없다.

그제는 농부네 쌀집, 어제는 토박이 쌀집, 오늘은 햇쌀집…

나, 살아남을 수 있을까?

살아남았다.

뜻밖에 매출이 높으니 원주, 이태원, 안산 등지의 대리점에서 비결이 뭐냐고 구경하고 갔다.

쌀집 8년. 운동과 노동은 다르다.

이두박근은 튼실해졌지만 무거운 걸 든다고 운동 되는 것은 아니더라.

허~리 어깨 무릎 팔 무릎 팔~ 끌고 자주 가던 정형외과에서 말했다.

– 이제 쌀집 그만 하세요. 그래야 병원 안 와요.

그래서 슈퍼마켓으로 눈을 돌렸는데 아무래도 잘 못 돌린 것 같다. 슈퍼 하기 전 내가 생각한 슈퍼란?

편안~히 앉아서 TV 보다가 돈 받는 곳!

이렇게 끝없이, 끝없이 일이 많은 줄 몰랐다.

때때로 힘이 들 때면 생각했다. 신인 지도장을 안 했으면 지금도 아흔아홉 보험 아줌마의 길을 가고 있을까? 그러나 운명이란 지금 이 자리에 내가 서 있는 것, 그것이 운명인 것, 구멍가게 문을 열고 닫기 위해 그 많은 길을 돌고 돌아온 것. 구멍가게 14년. 내 운명의 다음 기착지는 어디일까?

4부

달팽이 시간

달팽이 시간

"언니는 참 멀티 하다. 그렇게 여러 가지 일이 동시에 돼?"
"아마도 여자라서!"
"아니야, 난 그렇게 못 해. 언니가 멀티 한 거야."
"그래? 난 여자들은 다들 그러는 줄 알았는데."
"다 그런 건 아니야. 근데 언니, 앞으론 한 번에 한 가지씩만 집중해. 그렇게 다중채널로 뇌를 혹사하면 치매 확률이 높아진대."
"뜻밖이네. 오히려 여러 기능을 하면 뇌가 녹슬지 않는 거 아니야?"
"그치, 나도 의아했어. 그렇지만 학자들이 한 얘기니까 귀담아들어. 앞으론 한 번에 한 가지만."

아끼는 동생한테서 전화가 왔다. 계산하며 몇 마디 통화 중에 안쪽에서 손님이 찾는 물건이 안 보인다고 한다. 앞에 있는 손님의 물건 스캔하며, 안쪽 손님이 찾는 물건의 위치도 알려주며 통화하자 목에 끼워져 있는 휴대폰으로 동생이 한 얘기다.

'한 번에 여러 가지 일하기'

이것은 확실히 여자라서 가능하다는 생각이 든다. 몸만큼이나 여자는 뇌도 유연한 것 같다.

"이거 이렇게 하고 끝나면 저거 저렇게 해." 했을 때 대부분 여자들은 "네"로 끝이다. 반면 남자들의 반응은 이렇다.

"이거 끝낸 다음 다시 알려주세요." 하거나 "메모 좀 할게요" 한다.

세 가지도 아니고 두 가지를 띄엄띄엄 알려줘야 하다니…

장학금을 놓친 적 없는 수재 알바가 똑같은 행동을 했을 때 나는 비로소 고개를 끄덕였다. 명석함과 남자의 속성은 별개라는 걸.

슈퍼 하기 전, 쌀집 할 때 일이다. 장사 경험도 없이 임대료 저렴한 뒷골목에 가게를 열었다. 오가는 사람도 드문 뒷골목에 가게를 숨겨놓고 쌀 쌓아 놓고 밥 굶게 생겼다.

새벽이면 두 시간씩 아파트에 전단지 작업하고, 아이들 밥 먹여 학교 픽업한 뒤 가뭄에 콩 나듯 주문받아 배달하는 짬짬이 다시 전단지 돌리고 식당을 돌며 영업을 했다. 건강이 시원찮을 때여서 하루에 겨우 서너 포의 쌀을 팔고 저녁마다 몸살을 앓았다. 당장에 생활비를 벌어야 해서 '죽기, 살기, 열심히'를 좌우명 삼아 가게에선 오직 일뿐이고 피로에 절어 집에 오면 오직 잠뿐인 날들이 이어졌다.

일 잠, 일 잠…

어떻게 삶이 갈수록 황량하냐!

사하라 사막이 되기 직전, 밤 시간을 쪼개 눈 부릅뜨고 책을 읽기 시작했다. 읽다 보면 금세 새벽 한 시, 두 시가 되고 조금은 촉촉한 기분으로 잠이 들곤 했다.

그런 어느 아침, 잠에서 깨자마자 팔에 이상을 느꼈다. 바윗덩이를 올려놓은 것처럼 뻐근하고 전기 침을 맞은 듯 통증이 왔다. 살펴보니 팔에 한 뼘만큼 두드러기가 돋아 있었다. 대상포진이었다. 다 낫고 이십여 일 지났을 때 이번엔 대상포진이 귀 뒤로 왔다. 다시 병원에 가니 의사 선생님이 깜짝 놀란다. 보통은 평생에 한 번 걸릴까 말까 하다며, 더욱이 목 위로 이 정도면 바로 큰 병원으로 가는 것이 좋겠다고 했다. 검사 결과 면역력이 바닥이라고, 면역력을 높여줘야 된다고 했다.

"면역력 높여주는 약이 있나요?"

"면역력을 높일 수 있는 특별한 약은 없어요. 그냥 영양가 있게 잘 먹고 충분히 쉬어주세요."

어렵다. 먹는 거라면 언제나 지나치게 잘 먹으니 상관없는데 충분히 쉬어주는 일만큼은 일 복 많은 내게 쉽지 않은 일이다. 그런데 밤에 잠을 충분히 자는 것도 면역력을 높이는 일이라고 했다. 면역력에 영향을 주는 호르몬이 밤잠을 자는 동안 왕성하게 나온다는 것이다. 그 얘길 듣자 아차 싶었다. 책 좀 읽겠다고 밤잠을 줄인 것이 대상포진을 불러온 것 같았다. 이제 책 따위 읽지 말자. 내 살 깎아 마음의 양식 채우지 말고 잘 먹고, 잘 자고, 가늘고, 길게 살자!

얼마 지나자 슬슬 좀이 쑤신다.

일 귀신처럼 일만 하고 밥벌레처럼 밥만 축내고 살아도 되는 건가?

다시 책을 읽기 시작했다. 신호 대기 중에 읽었다. 저만치 신호가 바뀌면 차를 세우기도 전에 운전대에 책부터 올려놓고 서표 꽂힌 페이지를 펼친다.

신호 대기라는 것이 맥없이 대기할 땐 진저리 나게 길더니 글 몇 줄 읽으려니 짧아도 너~~무 짧다. 겨우 몇 줄 읽고 나면 어느새 출발 신호다. 책 읽을 때 신호기 맨 앞에 서는 것은 안 좋다. 몇 글자 읽고 신호 확인하고 또 확인해야 해서 다른 차 뒤에 섰을 때가 좋다. 눈은 책에 꽂아두고 앞차, 옆 차 흐름이 느껴지면 읽던 책 탁 덮고 따라간다. 달팽이 속도로 읽지만 언젠가는 마지막 마침표에 이르겠지.

그러는 동안 차 안에선 음악이 흐른다. 늘 흐른다. 책을 펼치는 순간 음악은 백색소음이 되고, 책에서 눈을 떼면 다시 음악으로 흐른다.

어느 날 아이를 태우고 귀가 중이었다. 앞차가 갑자기 브레이크를 밟고 멈칫하더니 왼쪽 차로로 빠져나갔다. 앞차와의 간격이 벌어진 만큼 속도를 올려 좁히는데 빠져나갔던 차가 방향 등도 없이 다시 끼어든다. 운전하다 보면 간혹 있는 일이다. 그런데 멀쩡히 가다 또 브레이크를 밟는다. 앞쪽에 브레이크 밟을 만한 사건도 없이 모든 차가 물 흐르듯 유유히 흘러가는데 혼자만 가다 서다 갈팡질팡이다.

짜증이나 소리쳤다.

"술 취했냐!"

들렸나? 창문도 닫혔는데?

'그와 동시에' 사거리를 앞두고 그 차는 두 개 차로를 가로지르다시피 쌩 우회전해 가버리고 '그와 동시에' 정지 신호로 바뀌는 걸 보며 나는 실내 등을 켰다. 책 몇 줄 읽고 출발하는데 뒷자리에서 아들이 중얼거렸다.

"참, 어머닌 집중력이 대단하네요. 꽥 소리 지르고 어떻게 곧바로 책이 눈에 들어오지?"

그때 생각했다. 내가 조금 멀티하긴 한가 보다.

노래는 노래대로 흘러가고, 글은 글대로 들어오고, 운전은 손과 발이 알아서 하고…

이런 얘기하면 운전에 집중하지 않는 아주 위험한 행동이라고 한다. 운전 중에 책을 읽은 것이 아니다. 정지 상태에서 읽었다. 안전하게…

이렇게 책을 읽고 싶어 안달이니 책 꽤나 읽었겠다, 오해할 수도 있는데 아니다. 방 한쪽에 세워 둔 작은 책꽂이. 거기 꽂힌 책이 평생 내가 읽은 책 전부라고 할 수 있다. 하루에 몇 쪽씩 읽은 책이 연간 몇 권이나 되겠는가. 어느 시기엔 책이란 게 살 수 없는 사치품인 적도 있고 책 읽을 생각은 하지도 못할 만큼 지금보다 더 바쁘게 산 적도 있다. 그러니 이런저런 핑계의 시간을 지나 지금까지 읽은 책의 권수는 아주 미미하다. 다만 나는 다독을 목적으로 하지 않고 읽을 수 있을 때, 읽고 싶은 책을 꾸준히 읽는다. 얼마 전 일주일 동안 세 권의 책을 읽었는데 그건 개인적으로 기네스북에 올릴만한 뉴스다.

직전에 '미 비포 유'를 읽었다.

당분간 책은 읽지 않을 것이다.

그 여운을 좀 더 간직하고 싶다.

책 읽은 뒤 옆 지기 언니에게 말했다.

"나 애인 생겼어."

"진짜? 어떤 사람인데?"

"아주 똑똑하고 잘생겼고 게다가 너~~무 자상한 남자야."

짧지만 삶을 제대로 살아 본 남자.

누구보다 삶을 사랑한 남자지.

"그 사람이 어디 있는데?"

"책 속에."

"에이~~뭐야…"

"내 이름은 루. 그는 윌이야."

당신은 내 심장에 깊이 새겨져 있어요.

내 생각은 너무 자주 하지 말아요. 당신이 감상에 빠져 질질 짜는 건 생각하기 싫어요. 그냥 잘 살아요.

그냥 살아요.

사랑을 담아서,

윌.

오늘도 당신의 편지를 읽었지.

지금까지 몇 번을 읽었는지, 다시 읽게 될 거야.

읽을 때마다 눈물이 나.

온전히 사랑한다는 건 이런 거겠지.
마지막 순간까지,
사랑이란 이름으로 살아갈 힘을 주는 것.

울지 마, 루
너에겐 월이 있어.
항상 네 곁에.

나의 미래 보고서

오래 살고 싶은 것은 누구나의 바람이고 오래 사는 것보다 더 원하는 건 건강한 삶일 것이다. 그러나 살다 보면 원하지 않게 아프기도 한다.

가끔 중병에 걸릴 수도 있는 미래에 대해 사람들과 이야기를 나눈다. 아파서 몸도 제대로 못 가누는 형편이 되면 그때 어떻게 할까? 그 물음에 가장 많이 듣는 답은 이것이다.

"요양원 가야지."

요즘 같은 핵가족 시대에 어쩌면 정답 같은 말일 수도 있다. 아파도 가족으로부터 구완 받기는 쉽지 않다. 지금도 많은 사람들이 막차 타듯 요양원으로, 요양병원으로 보내진다.

미래의 어느 날 그 막차에 내가 탈 수도 있을 것이다. 그래서 요양병원에 몸을 의탁해야 된다면, 그때 나는 사람이라고 할 수 있을까?

사람은 사람으로서의 품격이 있다.

그러나 요양병원에서 생을 마칠 자격을 취득하는 순간, 사람으로서의 자격은 상실된다.

그때부턴 무생물이다.

감정이나 고통 따윈 허용되지 않는다.

아무렇게나 함부로 다뤄도 괜찮다.

무생물이므로.

오랜 단골손님에게서 전화가 왔다. 모모 병원으로 귤 10박스 보내 달라고 했다. 평소 과일을 정말 많이 사던 VIP 고객이었다. 그 손님이 '모모 병원'이라 말하는 순간 조건반사처럼 두통이 시작됐다.

잠깐 아무 말이 없자 전화기 속에서 여보세요~~사장님~~? 하는 소리가 들렸다.

정신을 수습하고 조용히 물었다.

"왜 그 병원으로 배달을 시키세요?"

"저 여기서 일하게 됐어요."

"… 죄송하지만 배달은 안 되겠습니다."

"10박스인데요? 이번에만 배달해 주시면 안 될까요? 급한 거 아니니까 오늘 안으로만 오시면 돼요."

"아니요. 그 병원엔 물건 안 팝니다. 100박스를 산다 해도 안 팝니다."

"우리 병원에 무슨 안 좋은 감정 있으세요?"

"그런 곳에서 근무하시다니 유감입니다. 전화 끊습니다."

그날 이후 VIP 고객은 더 이상 고객이 되어주지 않았고 나 또한 행사 알림 명단에서 그 고객의 이름을 삭제했다.

그 병원은 어머니가 가시기 전 마지막 열흘을 보낸 곳이다. 그전에 어머니는 심정지가 왔었고 사망한 상태라고, 호흡기만 제거하면 끝이라고 했는데 몇 시간 후 기적처럼 의식이 돌아오시면서 집으로 모시지 말고 요양병원으로 가는 게 좋겠다는 대학병원 의사의 말에 요양병원에 대한 사전 정보도 없이 114에 문의해 집 가까운 병원에 입원하셨다.

첫날, 금식 상태로 콧줄을 끼운 채 중환자실에 입원했고 곧바로 심전도 검사가 진행되었다. 대학병원에서 검사하고 왔다 하니 이 병원에 입원했으니 다시 해야 된다고 했다. 새삼스러운 일도 아니다.

좀 더 건강하셨을 때 대학병원에서 수술하기 위해 모든 검사를 마쳤는데 정작 수술하는 날 수술 안 한다고 버티셔서 수술을 못 했다. 설득하고 설득해 다시 수술을 결심했으나 그사이 병원 일정이 바뀌어 수술은 하루 연기됐다. 하루 연기됐을 뿐인데 각종 검사 오더가 떨어졌다. 의학에 문외한인 내가 하루 연기됐다고 검사를 다시 하냐고 물으니

"보호자분, 이런 일로 실랑이할 시간 없습니다. 수술할 겁니까? 할 거면 검사 다시 해야 합니다."

힘없고 아는 거 없는 내가 무슨 말을 하리오.

"하세요. 하고 싶은 검사 다 하세요."

그랬었다.

하물며 이 작은 병원에서 무슨 합리적 처사를 바랄까? 패치를 붙이던 대학병원과 달리 기계에 연결된 집게로 여윈 살을 집으니 그때마다 어머니 신음을 하셨다. 그런데 기계가 작동을 안 한다. 집게가 제대로 못 집었다고 생각했는지 집게를 전부 빼서 다시 세게 집었다.

아… 아… 어머닌 좀 더 깊게 신음을 하셨다. 그래도 작동되지 않자 세 명이 달라붙어 한다는 소리가

"순서가 바뀌었나? 선을 바꿔 끼워 보자."

그러자 작동이 된다. 작동은 하는데 옛날 옛적 등사기로 밀어서 프린트할 때 잉크가 시커멓게 번져 나오던 것보다도 더 시커먼, 그냥 먹지다.

다시 시도.

또 먹지…

세 번째, 아무것도 보이지 않는 조금 덜 시커먼 먹지가 나오자

"뭐 이 정도면 되지 않을까?"

그렇지. 검사를 위한 검사가 아니라 검사비를 청구하기 위한 액션이었을 테니까. 나는 아무것도 못 보고, 모르는 사람인 양 그들의 행위를 용인했다.

이제부터 어머니를 그들 손에 맡겨야 하니까.

둘째 날, 일요일이었다.

일요일은 종일 혼자 가게 보는 날이라 낮에 짬을 낼 수 없어 어머니부터 보고 오려고 아침 일곱 시에 병원에 갔다가 깜짝 놀랐다. 어머니 두 손을 침대 난간에 묶어 놨다. 밤새 묶였던 손은 눈 뜨고 볼 수 없게 퉁퉁 부풀어 있었다.

간호사한테 손을 왜 묶었냐고 묻자

"그 환자만 묶은 거 아녜요, 여기 있는 환자 다 묶었어요."

신경질적인 대답이다.

둘러보니 정말 환자들이 모두 묶여있다.

"어머니는 기력이 없어 수저질도 못 하시는 데 묶을 필요가 있었나요?"

난동을 부릴 것도 아니고 누운 채 움직이지도 못하는 어머니를…

"환자 하나하나를 우리가 다 볼 수 없습니다. 그래서 밤에는 안전하게 전부 묶습니다."

휘리릭 묶었던 벨트를 풀고는 가버린다. 후에 들은 정보에 의하면 묶을 땐 보호자한테 사유를 알리고 동의하에 묶기도 한다고 한다. 그러나 설명도 동의도 없었다.

가늘디가늘었던 여윈 손이 야구 글러브처럼 부풀고 피멍이 들었다. 차마 쓰다듬을 수도 없어 내 손바닥에 가만히 올려놓고만 있었다. 그것은 시작이었다. 시트를 들추고 어머니 다리를 쓸어주려다 다리에 꽂은 링거 바늘을 보았다.

맙소사!

입원 하루 만에 다리 전체가 온통 멍이 들고 링거 튜브는 살을 파고들었다.

동맥경화증으로 인한 세 번째 혈관 확장 시술 후 퇴행성이 심한 무릎으로 재활 운동을 못 해 급속도로 근육이 빠져나가 여위기는 했으나 피부는 깨끗했었다. 얼마나 고통스러울까!

"간호사님, 링거 줄이 살을 파고드는데 다른 곳으로 옮겨주면 안 될까요"

데스크의 간호사,

"아직 옮길 때 안됐어요."
"언제 옮기는데요?"
"주사는 3일이 지나야 다시 놉니다."
"지금 상태가 너무 안 좋은데 다시 놔 주면 안 될까요?"
"저희가 알아서 합니다."
쳐다보지도 않고 높낮이도 없는 말투, 로봇이다.
결국 3일이 지나서야 링거 바늘을 옮기고 바늘 옆에 기록해 놨다. 5월 18일이라고.
옮긴 자리도 금세 불그죽죽 피부가 변했다.
나도 수액 맞아봤지만, 수혈도 받았지만, 조금만 불편해도 주사 위치를 바꿔 달라고 했다. 그때 나는 얼마나 엄살이 심했던가! 엄살쟁이 사람대접하느라 간호사는 얼마나 힘들었을까!

입원 첫날부터 기껏해야 아이스크림과 과자일지라도 간식 드시라며 넉넉히 싸 들고 다녔지만 로봇에게 따뜻한 피는 흐르지 않았다. 4일 정도 지나 밤에 병원에 갔다.
"어머니, 저 왔어요."
"음"
눈도 안 뜨고 몽롱하게 대답하는 어머니. 머리칼을 쓸어주고 팔도 쓸어내리다 다시 말을 붙였다.
"어머니, 주무세요?"
"아니…"

"근데 왜 눈을 안 뜨세요. 눈 뜨고 저 좀 보세요."

"눈이… 안 떠져…"

철렁!

"힘껏 떠보세요. 힘껏"

"안 떠져."

"눈이 왜 안 떠질까요, 졸린 거 아녜요?"

그러다 다리를 쓸어주려고 시트를 들췄다.

오! 하느님!

어머니 온몸이 노랗게 젖어 있었다. 배 위까지 노오란 똥물이 흥건하고 홀쭉했던 배가 풍선처럼 부풀어 있었다.

"간호사님, 어머니 좀 봐주세요. 어머니 상태가 이상해요."

"어떻게 이상한데요?"

여전히 데스크에서 높낮이 없는 말투만 보내는 간호사.

"어머니가 설사를 심하게 하셨어요."

"금식하다 오늘 식사 조금 했습니다. 그래서 그럴 겁니다."

"의사 선생님께서 봐야 하지 않을까요?"

"선생님 퇴근했습니다."

"당직 의사 선생님 안 계시나요?"

"당직 선생님이 와도 할 수 있는 건 아무것도 없습니다."

"어머니가 심상치 않아 보이는데 아무도 봐줄 사람이 없다는 건가요?"

"보호자분, 지금 뭘 원하시는 겁니까?"

"의사 선생님의 진료요."

"지금은 소용없다고 말씀드리지 않았습니까! 내일 주치의 선생님께서 봐주실 겁니다."

그리곤 간병인에게 환자의 뒤처리를 지시했다.

상주해 있던 조선족 남, 여 간병인,

"아니 이 노인네, 이렇게 퍼대길 하면 어쩌라는 거야."

나야 어머니 건강이 염려될 뿐 뒤처리는 문제가 아니었는데, 가족이 아닌 그들로선 속수무책이기도 했을 것이다. 손도 못 대는 그들을 보며 내가 나섰다. 위생장갑을 끼고 물티슈를 넉넉히 뽑아 닦기 시작했다. 그제야 간병인들이 하겠다며 나섰다. 그런데 간병인 한 사람이 어머니 두 발목을 토끼 귀 잡듯 잡더니 번쩍 들어 올렸다.

아아아악!

아이고 아이고 아이고!

내내 눈도 못 뜨던 어머니가 눈을 번쩍 뜨고 비명, 비명을 질렀다. 십 년을 고통스러워한 그 발을, 발가락이 다 떨어져 나가고 스치는 실오라기도 아려서 한겨울에도 양말조차 신지 못하는 발을…

내가 다급히 외쳤다.

"어머닌 발을 잡으면 안 돼요."

그러자 간병인이 소릴 질렀다.

"보호자분이 직접 하세요! 우린 그런 거 일일이 신경 못써요!"

잠시 눈을 감았다.

심호흡을 하고 눈을 떴다.

뒤처리를 하기 시작했다.

어머니의 신음과 오한과 내 눈물, 똥물이 뒤범벅되었다.

'어머니, 이승이 그렇게 좋아요, 무슨 미련이 있어 이 지옥으로 다시 오셨어요.'

간병인이 목소리에 힘을 빼고 다가왔다.

"우리가 할게요."

대답 대신 계속 어머니를 닦는 것으로 거부 의사를 보냈다. 그때까지 간호사는 데스크에서 일어나지도 않았다. 다 닦아낸 후 조용히 간호사를 불렀다.

"간호사님, 여기 좀 봐주세요."

찍 찍 찍… 발을 끌고 오는 간호사.

"소변줄 속까지 오물이 묻었는데 갈아야 하지 않을까요?"

"지금은 못 갈아요."

묻고 싶지도 않다.

갈 수 없는 비상식적인 이유가 있겠지.

"그럼 오염된 채로 그냥 있어야 되나요?"

그러자 핀셋으로 알코올 솜을 집어 대충 쓱쓱 쓱쓱…

그리곤 이러면 됐냐는 듯 나를 빤히 쳐다본다.

허벅지 안쪽에 대학병원에서 붙인 영문으로 표시한 패치도 노랗게 젖어 있었다.

"저것도 어떻게 해야 되지 않나요?"

그러자 혐오스러울 만큼 오만한 눈빛의 간호사

"이건 전 병원에서 하고 온 건데 떼버려도 상관없겠어요?"

"글쎄요. 저는 의료인이 아니라서 그걸 떼도 되는지 안 되는지 모르겠어요. 다만 오염된 상태로 그냥 두면 안 될 것 같아요."

그러자 일부러 그러는 것이 뻔한 거친 손길로 패치를 확 당겼고 살갗이 벌겋게 벗겨졌다.

어머니의 비명 속에 이를 꽉 물었다.

(죽여버리고 싶어)

내 안에 독이 쌓인다.

쌓이고 쌓인다.

링거 꽂은 피부가 왜 급속도로 상하는지 간호사의 행위가 모든 걸 보여주고 있었다.

이런 곳에 어머니를 두고 가야 한다니.

어머니가 겪을 고통이 가슴을 찢었다.

패드를 언제 교체하는지 물었다.

하루 세 번 몇 시에 교체한다고 한다.

그렇다면 그날도 이미 교체했다는 것이고 내가 가지 않았다면 그 상태로 밤새 있었을 것이다.

"저 앞으로 패드는 제가 갈아도 될까요."

"안 됩니다. 그건 간병인이 다 합니다."

"제가 어머니께 해 드릴 수 있는 게 없어서 패드라도 갈아 드리고 싶어서 그래요."

"병원 규정상 안 됩니다."

"당연히 그렇겠죠. 그렇지만 기저귀 가는 건 꼭 전문가가 아니어도 할 수 있는 일이잖아요. 지금까지 집에서 계속했던 일이고요."

"그건 보호자 생각이고, 그러다 보호자가 못 오는 날은 어떻게 할 거예요?"

"제가 못 오는 일은 없을 겁니다. 절대로."

(내가 죽지 않는 한 못 오는 일은 없을 거다. 당신들에게 어머니를 맡기고 내가 어떻게 안 오겠니.)

"정 그러시면 주치의 선생님과 상담 후에 허락이 되면 그때 하세요."

다음 날 주치의를 만나러 갔으나 휴가였다.

당직의한테 얘기했지만 받아들여지지 않았다.

더 이상 이 지옥에 어머니를 두지 않겠어.

다른 병원을 수소문했다. 도립 요양병원이 '그래도' 낫다는 정보를 얻고 찾아갔다. 병원을 왜 옮기려 하느냐고 묻는다. 망설이다 현실을 얘기했다.

이제 와 어머니가 건강해지길 바라겠느냐, 다만 조금이라도 편안히 계시길 바랄 뿐이다, 그 병원의 간호사, 간병인, 의사, 그들의 행위를 도저히 용납할 수가 없다. 그래도 이곳은 사설 병원과는 다르다니 옮기고 싶다고 했다.

의사 선생님이 천천히 고개를 끄덕였다.

"아쉽지만 그게 현실입니다."

같은 의사 신분으로 그렇게 말씀하시며 대기자 명단에 올리겠다고 하셨다. 그러면서 덧붙이기를

"침상이 나면 연락이 갈 겁니다. 연락이 가기 전엔 가능한 그쪽 병원에 병원을 옮긴다는 말은 하지 마세요. 이유는 말 안 해도 아시지요?"

당연히 알지요!

다음 날 주치의로부터 전화가 왔다.

혈뇨가 보인다며 위내시경을 하겠다고 했다.

단호하게 말했다.

"검사하지 마세요, 안 하겠습니다."

"보호자분, 보호자가 환자의 치료를 거부할 권리는 없습니다."

"권리라고 하셨나요? 이 통화, 녹음되고 있나요? 만약 녹음이 안 된다면 지금부터 녹음해 주세요. 저도 녹음하겠습니다. 내시경을 안 하겠다는 것은 돈이 없어서 그렇습니다. 분명히 말씀드리지만 저는 지불할 돈이 없습니다. 돈을 못 받아도 괜찮다면 검사하세요."

저렇게 쇠약하신 분한테 위내시경이라고?

위내시경을 할 줄은 아시는가?

그날 저녁, 대학병원에서 어머니 퇴원한 날 일본으로 출장 갔던 아들한테서 전화가 왔다.

"지금 인천공항이에요. 할머니 어느 병원에 계세요? 보러 갈게요."

"할머니 계신 병원, 지옥 중의 지옥이다. 다른 병원으로 곧 옮길 거다. 그때 봐라. 그리고 지금부터 내가 하는 말 명심해라. 너나 나나 나중에 요양원이든 요양병원이든, 그런 데서 살아야 할 운명이 되면 의식이 있는 한 혀를 깨물든지, 곡기를 끊든지 해서 생을 마감하는 게 하루라도 빨리 지옥을 벗어나는 길이다."

또 하루의 지옥이 시작됐다.

어머니는 심한 퇴행성 관절염으로 무릎이 구부러지지 않았다. 그래서 누우면 항상 무릎 밑에 베개를 받쳐 드렸다. 어머닐 보러 갔다. 다리가 ㄴ자로 살짝 꺾여 있었다.

"어머, 다리가 왜 이렇게 됐어요?"

깜짝 놀라 살짝 만졌을 뿐인데 아아악! 비명을 지르는 어머니.

이것들을 그냥…

다리가 왜 이렇게 됐느냐고 묻지 않았다.

그들로부터 들을 수 있는 정상적인 대답은 아무것도 없음을 이미 알고 있었고 어떻게 했을지도 불 보듯 했다.

용서 못 해, 용서 못 해!

너희들의 그 손모가지 절대 용서 안 해!

그곳은 중환자실이었다.

이곳에 오기 전 중환자실이란 생명이 위급한 환자들의 병실인 줄 알았다. 아니었다.

대부분의 환자가 기공이 뚫린 채 비틀린 팔과 다리, 부자연스럽게 한쪽으로만 쏠린 목, 혼자서는 아무런 거동도 못 하고 24시간 같은 자세로 누워만 있는 중증 환자들의 병실이었다. 어쩌다 나와 눈이 마주치면 해독되지 않는 눈빛만 간절하게 건너왔다. 어느 날 2인 1조 간호사가 기공을 청소했다. 그들만의 에피소드로 즐겁게 이야기하며 무슨 기계 청소하듯이 삽입 관을 빼고 거칠게 청소하는 동안 환자들은 소리라곤 내는 일 없이 눈이 허옇게 뒤집어지고 기형적인 팔다리를 더욱 허우적댔다. 그러자 간호사 중 한 사람이 거칠게 팔을 꺾듯이 하여 침대 난간에 눌러 움직이지 못하게 했다.

그날, 그들을 보며 생각했다.

저들은 로봇이구나!

늘 저런 환경에서 일하다 보니 인간다운 정서를 잃어버리고 사람이 아니라 물건 다루는 로봇이 되었구나! 그들의 행동을 보며 환자들이 처음부터 저런 자세가 아니었을지도 모른다는 생각이 강하게 들었다.

그런데 그 로봇이 내 어머니까지…

용서 못 해!

대기 넣은 병원에 전화하니 언제 자리가 날지 알 수 없는 상황이라고 한다.

가게에 경찰이 방문했다.

혹시… 하며 병원에서의 상황을 얘기하고 고발할 수 있냐고 물었다. 그런 일은 건강보험공단에 접수하라고 한다. 건강보험공단에 갔다. 그 무렵 내 몸에 이상이 생겼다. 멀쩡하다가도 갑자기 병원 일을 떠올리면 그때부터 깨질 듯이 두통이 왔다. 운전하다가도, 자려고 누웠다가도, 카운터에서 계산 중에도 무시로 어머니 생각을 하는 순간 통제 불능으로 두통이 왔다. 공단에서 대기표를 뽑고 기다리는데 또 두통이 시작됐다. 멈추질 않는다. 이성적인 사고를 할 수 없다. 휴게실로 가서 기다려도 두통이 멎질 않는다. 밖에 나가 두통약을 사 먹고서야 두통은 가라앉았다. 이미 진이 빠진 나는 접수를 포기하고 돌아왔다.

다음날 다시 공단에 가기로 했다.
어머니는 곧 병원을 옮기겠지만 다른 환자들을 위해서라도 저런 병원을 그냥 두면 안 된다는 생각을 했다. 긴 대기 시간이 지나고 차례가 되어 심사관 앞에 앉았는데 얘기를 시작하기도 전에 또 두통이 강타했다.
아~~~ 아~~~
머리를 감싸고 신음하자 무슨 일이냐고 재차 묻는다.
"죄송합니다, 머리가 너무 아파서 말을 못 하겠어요."
상비약으로 갖고 다니기 시작한 두통약을 먹고 대기실에서 혈압을 재니 평소 115 정도 하던 혈압이 160으로 뜬다. 두통이 가라앉길 기다렸다가 평소 다니던 내과로 갔다. 병원에 오는 동안 두통은 가라앉았고 체크한 혈압은 128이었다.
"고혈압이 왔나 봐요. 요즘 심한 두통에 시달리는데 그때마다 혈압을 재면 158, 160, 이렇게 나와요. 좀 전에도 160까지 올라갔다가 두통약 먹었더니 겨우 내려갔어요."
"고혈압은 두통약을 먹는다고 혈압이 내려가진 않아요. 고혈압이 아니라 스트레스로 순간 혈압이 올라간 것 같아요. 뭐 심하게 스트레스받는 일 있나요?"
괜히 눈물이 났다.
스트레스 유발 원인에 대해선 말하지 못했다.

차라리 대기 병원에서 연락 올 때까지 괜찮은 요양원에 모셔보자. 어차피 이름만 병원일 뿐 고통만 주는 이곳보다 요양원에서 편히 계시게 하자.

동생의 지인인 간호사를 통해 등급 좋은 요양원을 소개받고 상담을 했다. 다음날로 바로 입소가 가능하다는 얘기를 듣고 병원에 통보하자 주치의가 말했다.

"환자 상태를 제대로 알기나 하고 받아준답니까?"

"네"

퇴원하는 날 간호사가 말했다.

"링거를 꽂고 가실래요, 아님 제거할까요."

요양원에 여부를 물으니 이미 병원비에 모두 정산된 거니 다 맞은 후 그쪽에서 빼면 된다고 그냥 꽂고 오란다. 병원을 떠나며 속으로 빌었다.

'이 병원의 모든 종사자들, 그리고 당신들의 가족까지 반드시 이 병원의 수혜자가 되어 우리 어머니와 똑같은 대접 받아라!'

요양원에 입소하자마자 서류를 검토한 원장님. 고개를 절레절레 젓더니 조용히 입을 연다.

"이 링거는 맞아봐야 의미가 없겠네요."

그때가 점심 무렵, 다음 날 아침 여덟 시 반쯤 전화가 왔다. 임종하실 거 같다고. 십 년을 아프셨던 어머닌 2019년 5월, 그렇게 새가 되어 날아가셨다.

열흘 후 도립병원에서 연락이 왔다.

입원 수속하러 오라고.

훗날 생각했다.

이관 서류에 대체 무엇이라 기록했기에 요양원에 입소하자마자 임종을 예감했을까? 임종이 코앞인 환자에게 위내시경을 하겠다던 의사는 어머니를 살리기 위해 그랬을까?

*

여든아홉에 가신 어머니 삶 중 겨우 열흘 동안의 일이었다. 몇 번 어머니 마지막 길을 기록하려고 했다. 그때마다 가슴이 두근거리고 두통에 시달리고 분노가 치솟아 쓸 수가 없었다.

어머니 가신 지 3년 반.

영원히 못 쓸 줄 알았는데 마침내 썼구나!

이것은 어머니만의 이야기가 아니다.

미래의 어느 날 나의 이야기다.

사람이라고 다 사람이 아니다.

내 손으로 밥 먹고 내 다리로 걷고

내 스스로 병원비 감당할 수 있을 때까지만 사람이다.

수없이 수없이 생각했다.

요양병원에서 생을 마쳐야 한다면

그 지옥을 가게 된다면

그땐 어떻게든 내 목숨 내가 책임져야 한다.
어떻게 책임져야 할까!

꽃보다 아들

휴일, 밖이 훤해 오면서 일찌거니 일어나 뒤꼍 꽃들을 들여다보고 있었다. 물이 부족한지 넘치는지 벌레 탄 건 없는지 시든 잎도 정리하며 이 꽃 저 꽃 세세히 들여다보는데 방 안에서 아들이 부른다.

― 어머니~~

― 응, 그래~~

― 안에 들어와 보세요~

― 무슨 일 있니?

― 어머니가 들어오시면 얘기할게요!

아들과 나 사이에 창문이 있는데, 안에서 걸쇠만 풀면 볼 수 있는데, 나는 이 꽃들을 떠나기 싫은데…

― 무슨 일인데 말해 봐.

― 어머니가 들어오셔야 해요.

― 무슨 일인지 말을 해, 네가 말하면 내가 귀로 듣잖니!

― 방으로 들어오셔야 얘기할 수 있어요.

대체 무슨 일이길래…

결국 아들 앞에 섰다.
- 무슨 일인데?
- 앉아 보세요
- 하 나 참, 그려 이제 말해 봐라.
갓 일학년 아들, 내 눈에 쏘옥 들어와 하는 말.
- 어머니, 어머니는 나보다 꽃이 더 좋아요?
이게 무슨 말이래!
- 당연히 울 아들을 젤로 좋아하지.
- 근데 왜 맨날 내 옆에 안 있고 꽃밭에만 계세요?
……

휴일만 되면 아들 일어나기도 전에 꽃밭에 나와서 아들 눈이 아니라 꽃에 눈 맞추고 있던, 꽃에게 뺏긴 엄마.

나쁜 꽃 같으니!

그 후로는 아들한테 사랑을 듬뿍 퍼주고 꽃은 아들 몰래몰래 사랑해 줬다.

훈장

내 몸엔 여러 개의 흉터가 있다.

흉터는 훈장이다. 딱지 하나 뗄 때마다 녹록지 않은 길을 지나왔다고 훈장처럼 남겨진 흉터들.

금요일에 훈장 하나 더 받았다.

그날 60mm의 강한 소낙비가 예보되어 있었다. 비가 와도 끼니는 꼬박꼬박 챙겨 먹으니 비 오는 날도 밥값은 해야지. 과일 행사 문자를 날리고 비 쏟아지기 전에 하나라도 더 배달하자고 부지런 떨다 아주 자은 턱에 그야말로 '턱' 걸려서는 레슬러가 상대방 레슬러를 메다꽂듯이 인정사정없이 곰탱이를 바닥에 패대기쳤다.

잠시 바닥에 뻗은 채로 숨을 쉴 수가 없다. 일어날 수도 없다. 누운 채로 생각한다. 몸이 다 부서졌나? 좀 일으켜 보자. 부서진 데는 없는 것 같다. 그래도 장미란 선수급 곰을 패대기쳤으니 병원으로 향했다. 얼굴 몇 장, 손목 몇 장 기념사진 찍고 의사 선생님 브리핑 하신다.

"다행히 얼굴에 골절은 없고 그냥 타박상이네요. 그런데 손목 뼈

조각이 튀어나온 게 좀 수상하네요. 다른 부위는 금이 가면 깁스만 해도 되지만 이 부분은 1mm만 금이 가도 혈관이(신경이었나?) 끊어져서 반드시 수술해야 됩니다. 안 그러면 뼈가 녹아버립니다. 지금은 괜찮은 것 같아도 뒤늦게 골절이 나타나기도 하니 당분간 손은 절대 사용하지 마세요.

턱에 시커먼 구레나룻 생겼다. 보톡스 맞은 것처럼 얼굴도 빵빵해졌다. 보름달이 슈퍼문 됐다. 의사 선생님께서 그래도 마스크를 써서 가려지니 다행이란 위로를.

체력장 시험을 본 듯 온몸이 욱신거린다. 양쪽 무릎도 풍선처럼 팽팽하게 부풀었다. 얼마 전에 거금 주고 MRI 찍은 무릎인데.

오른손을 쓰지 말라니 양손으로 해야 될 일은 왼손과 오른팔이 협동해서 한다. 한 손으로 하는 일은 왼손으로 한다. 왼쪽 어깨 통증도 만만찮은데 보호받을 우선순위에선 밀렸다. 왼손이 일을 하다 뻐근한 왼팔을 왼팔 혼자 탈탈 털어 준다. 평소 왼팔이 아프면 오른손으로 주물러 주고 오른팔이 아프면 왼손으로 다독여 줬는데 오른손이 고장 났으니 왼팔이 힘들다고 엄살 부려도 위로해 줄 수가 없다.

미안하다, 몸아! 네가 주인을 잘못 만났구나!

운전을 한다. 3단 4단 기어 넣는 것은 그냥저냥 할만하다. 1단이나 후진도 정지 상태에서 하니 힘은 들어도 왼손으로 기어 잡고 오른팔로 힘을 더해주면 된다. 그런데 5단 기어는 어렵다. 속도가 붙은 상태에서 왼손으로 협공할 수도 없고 변속을 못 하겠다. 그렇다고 바쁜 세상에 남의 갈 길 막을 수도 없으니 비상등으로 꾀부린다.

'내 차 지금 아파요, 추월해 가세요…'

제자리에서 방향 틀어 차 빼는 것도 어렵다. 평소에도 노파워라 곰 팔뚝 아니면 핸들 돌리기 어려운데, 핸들 돌리며 여러 번 차력사처럼 포효했다.

이번에 받은 훈장은 훈장이 아니라 경고장이라 생각한다. 이제 정말 몸조심하라는.

명심하겠습니다!

*

6mm도 아니고 예보됐던 60mm의 강한 소나기는 단 한 방울도 안 내렸다. 일기예보가 맞는다면 오늘은 하루 종일 비 소식이다. 비 오는 날은 손님이 적다. 덕분에 놀자!

왼손으로 일하며 선천적으로 양 팔꿈치 아래가 없이 태어난, 이름은 잊어버린 러시아의 여대생을 생각했다. 발가락으로 머리 틀어 올리고 발가락으로 밥 먹고, 화장도 예쁘게 하던 발랄한 그 아가씨.

왜 생각했냐고?

엄살 부리지 않으려고.

엄살 부리면 못써…

받아들이기

나는 사촌 오빠 두 분을 존경한다.

두 분 모두 첫 직장을 마지막까지 다니셨다. 큰오빠는 군 제대 후 대학교에 소사라는 직분으로 입사해서 과장이 되셨고 틈틈이 공부해서 피아노 조율사 자격증도 취득했다. 작은 오빠는 군대에서 자동차 정비를 배워 정비사로 입사한 후 정년퇴직 후에도 회사의 권고로 몇 년 더 근무했다. 단순히 오래 근속한 것을 존경하는 것은 아니다.

나도 회사에 다녀 봤지만 일 못지않게 힘든 것이 사람과의 관계다. 사람 때문에 그만둘까 고민한 적도 있다. 먼 사람은 멀리하면 되지만 가까이 있는 사람이 가장 힘들 때도 있다. 긴 세월 한 직장에 근무하면서 그분들이라고 더 좋은 저쪽을 꿈꾸지 않았을까? 그러나 멀리 보이는 푸른 초원도 보드라운 풀만 있는 것이 아니라 억센 풀도 있고 독초도 있음을 생각했을 것이다. 그렇게 견뎌냈을 그분들을 존경한다.

성격이 조금 변하긴 했지만 나는 지금도 여럿이 어울리기보다는 조용히 혼자 있는 걸 좋아한다. 그런 성격으로 오랫동안 사람들과 부대끼는 일을 하다 보니 때때로 혼자만의 시간이 아쉽다. 그래서 운전하는 시간을 좋아하게 되었다.

음악을 듣고, 신호 대기 중에 글 몇 줄 읽기도 하고, 구름 낀 날과 맑은 날의 하늘을 살피고, 길옆의 나무와 꽃을 보며 아무와도 섞이지 않고 오롯이 혼자일 수 있는 운전하는 시간이 좋다.

쌀집 할 때도 장거리 납품가는 일을 좋아했는데 이때가 나 홀로 숨 쉬는 시간이기 때문이었다. 새벽 여섯 시건 밤 열한 시건 아무 때고 전화해서 밥하려고 보니 쌀이 똑 떨어졌다고 최대한 빨리 갖다 달라는 사람들. '최대한'을 맞추려고 U턴 P턴을 일삼았다. 고객의 입맛대로 움직이던 나는 장거리 배달에 나서면 다급함에서 벗어나 초연해진다. 고객님들 전화 오면 죄송하지만 먼 거래처에 있어서 시간 좀 걸린다고 응수한다. 장거리 거래처는 많은 양을 주기적으로 주문하는 곳들이다. 그런 거래처 중에 평택 거래처에 가는 것을 아주 좋아했다. 갈 때는 고속도로를 질주해서 최대한 빨리 가고 돌아올 때는 느긋하게 시골 샛길로 구불구불 돌아온다. 안성 쪽으로도 오고 서탄 팔탄을 거쳐 온 적도 있다. 시골길을 운전하고 오는 것만으로도 아마존 밀림의 산소 같은 시간이었다.

슈퍼로 업종 변경하고 보니 쌀집 할 때의 스트레스는 아무것도 아니었다. 처음 몇 년간은 동탄에서 용인까지 13km를 출, 퇴근했다. 저녁마다 거의 혼수상태 같은 졸음에 시달리면서도 가게를 벗어나 출퇴근하는 그 시간을 나만의 시간으로 가졌기에 하루하루를 지탱할 수 있었다. 차 안에서 음악을 듣고 생각을 하며 유유자

적 오다가도 가게 근처 사거리에 오면 그 순간 나는 또다시 지옥이구나 하는 생각에 비명을 질렀다. 이대로 버티다가는 정신 줄 놓겠다 싶어 다른 일을 찾아봤다. 식당 주방에서 일해볼까? 그런데 대학생을 뒷바라지하기엔 급여가 너무 적다. 택배를 할까? 버스 운전할까? 일하다 말고 대형면허학원 등록하려고 40분을 달려가다 되돌아오기도 했다.

더 이상은 못 버티겠다 싶어 영업사원들한테 시설비, 권리금 모두 필요 없으니 당장에 가게 인수할 사람 좀 알아봐 달라고 부탁했던 지옥 같은 어느 금요일, 제대를 얼마 안 남긴 둘째한테서 전화가 왔다.

"어머니, 죄송한 부탁이 있어요"

무슨 일이기에 죄송한 부탁을…

"오늘 후임들 모두 데리고 외박해도 좋다는 허락을 받았는데 돈이 좀 부족해요. 10만 원만 입금해 줄 수 있어요? 월요일에 월급 나오면 갚을게요."

"10만 원 가지고 되겠니? 더 필요하면 얘기해. 갚지 않아도 돼."

"고맙습니다! 어머니 고맙습니다! 돈은 10만 원이면 충분합니다. 가지고 있는 돈으로 혹시라도 부족할까 봐 부탁한 겁니다. 어머니, 정말 고맙습니다!"

거수라도 하며 통화하듯 씩씩한 목소리다.

어느 집 아들은 수시로 돈 부치라 한다던데, 휴가 나오면 또 나왔냐고 할 만큼 귀찮게 한다던데, 군 복무 내내 용돈 달란 말 한마디 없다가 제대 앞두고 처음으로 부탁한 십만 원. 돈 십만 원에 저렇게 고맙습니다, 복창하다니. 그래, 박차고 나간들 무슨 영화를 누리겠니. 지금까지 그랬듯이 너희들 밑거름이나 되어주면 되지. 그날 비로소 온전한 슈퍼 아줌마가 되었다. 벗어나려고 할 때는 지옥 같던 일들이 받아들이고 나니 그렇게 못 할 일도 아니었다.

지난해 어머니 가신 무렵을 제외하고 하루도 쉬는 날 없이 일 속에 묻혀 산 이십여 년.

누가 묻는다.

– 언제 쉬세요?

– 잠잘 때…

– 그게 무슨 쉬는 거예요, 여행도 좀 하고 그러세요.

– 나 여행해, 매일…

생각하기 나름이다.

책을 읽으며

음악을 들으며

다른 사람들이 전해주는 세상 이야기를 들으며

매일 새로운 여행을 한다.

우물 안 개구리는 그 안에서 만족한다.

아들

평창 올림픽이 열렸을 때 일이다
 회사에서 평창으로 단체 휴가를 다녀온 아들이 식탁 위에 책 몇 권 꺼내 놓는다.
 ― 무슨 책이야?
 ― 도박의 유해를 알리고, 도박에서 벗어날 수 있도록 도와주는 홍보 만화예요.
 ― 도박장 갔었어?
 ― 당연히 갔죠, 거기 카지노가 있잖아요. 재미 삼아 한 번은 하죠.
 ― 잃진 않았어?
 ― 한 10만 원 정도 잃었는데 앞으론 도박할 일 없을 거예요. 이번에 카지노 출입 안 하겠다는 각서 쓰고 왔어요.
 ― 각서? 카지노에서 뭐 잘못했어?
 ― 뭘 잘못해서가 아니라 도박 안 하겠다고 스스로 각서를 제출하는 거예요. 그렇게 등록하면 그 사람은 카지노에 출입 제한자로 분류돼서 들어가려 해도 출입 자체가 안 돼요.

- 어이구~잘했다, 잘했어, 내 아들!

그전에 회사에서 단체로 마카오로 휴가 갔을 때는 말로만 듣던 잭팟이 터졌다던가. 700만 원을 땄다고 했다. 그래서 함께 간 동료들에게 150만 원 정도 쓰고 마침 돈이 궁했던 나에게 500만 원을 빌려줬다. 그때 나는 아쉬운 참에 돈을 빌리면서도 아들의 행운이 전혀 기쁘지 않았다. 그 작은 행운으로 인해 일확천금을 좇는 독약에 중독될지도 모른다는 우려 때문이었다

실제로 식당을 알차게 꾸려가던 지인이 같은 건물 지하에 슬롯머신이 입점한 얼마 후 70만 원을 따낸 뒤 그 후로 눈만 뜨면 식당이 아니라 슬롯머신 앞에 자리 하나 차지하고 있다가 잘 되던 식당이 폐업한 일이 있었다.

그래서 아들한테 노파심을 표했다.

- 너도 알지? 그건 어쩌다 한 번 얻어걸린 운이란 걸. 잘못하면 오늘의 행운이 독이 된다!

- 저도 알아요. 걱정하지 마세요.

이랬던 것인데 스스로 카지노 출입제한 명단에 올렸다니, 기특한지고.

훌륭하다, 내 아들.

지금은 초보 시절

블로그에 올라오는 근사한 사진들, 눈이 환해진다.
어느 날 한 이웃님이 올린 사진의 색감이 전과 비교해서 뚜렷하게 달라졌다. 음식으로 치자면 풍미가 깊어졌다고나 할까.
"사진 분위기가 더 좋아졌네요. 폰 바꾸셨어요?"
대답은
"오래 사용한 카메라가 고장 나서 바꿨어요."
아하, 폰이 아니고 카메라였구나!
카메라는 디카 몇 번 눌러본 것이 전부인 곰. 언제 어디서나 간편한 스마트폰 세상에 충분히 만족하고 있었는데 차원 다른 이웃님들 사진을 보니 부럽다. 나도 아웃포커싱, 요런 걸로 사랑스러운 꽃들 돋보이게 하고 싶다.
"아들아! 니 엄마 카메라 갖고 싶다. 한 번 알아봐."
뚜다다닥 자판기 두들기며 접사 어쩌고, 줌렌즈 어쩌고 하더니 카메라 구입 비용 기백만 원이라고.
"카메라가 그렇게 비싸? 사오십 만 원 하나 했더니…"

"휴대폰도 100만 원예요, 어머니."

"카메라가 휴대폰보다 비싼 게 당연하다는 거야? 그 많은 기능을 가진 폰보다도? 그럼 중고는?"

중고여도 폰 사진보다는 낫겠지?

투다다닥… 중고 100만 원.

"그만 됐다. 안 살 거다"

"맘먹은 김에 하나 장만하죠!"

"아니다. 스마트폰이면 충분하다."

"어떤 게 좋은지 삼촌이랑 상의해서 제가 사 드릴게요."

"그래? 그렇담 뭐…"

선물은 본래 받는 쪽보다 주는 쪽이 더 설레고 행복한 것. 어미가 아들의 행복을 뭉개선 안 되지! 아들과 동생이 반반 부담으로 사서 내 손에 쥐어진 중고 카메라. 동생이 베테랑 사진사인데도 사사받을 시간도 없네.

 - 누나, 뒤를 날리고 싶으면 초점을 여기 두고 찰칵, 앞을 날리고 싶다, 그럼 초점은 여기쯤… 그리고 일단은 많이 찍어. 자꾸 찍다 보면 감이 와.

첫날의 요 강의가 전부.

찍는다.

초점 무시,

구도 무시,

기능 무시…

무지해서 아무렇게나 마구잡이로 찍어댄다.

보다 못한 꽃들이 알아서 포즈 잡아주고 그러다 얻어걸린 나름 작품이라고 혼자 흡족해하는 사진들.

내 사진들에서 사람들은 무엇을 볼까? 당연히 꽃을 보겠지!

나는 나를 본다.

천일홍을 담던 순간, 그 순간의 햇빛을 기억한다.

초점 맞추려고 호흡을 멈춘 그 몇 초, 행복했던 생의 순간이 사진으로 남았다.

가버린 사람

길가에 가지치기한 나무들이 쌓여 있다. 낙엽을 담은 포대들도 쌓여 있다. 아궁이에 불 때던 시절 같으면 귀한 땔감인데 저 땔감들 다 어디로 가나!

여름에도 풀을 베어 말렸다가 화덕에 불 때서 밥 짓던 시절, 우리 집은 사철 땔감이 여의치 않았다. 언니랑 나는 어른들이 한차례 훑고 간 뒤를 쫓으며 바닥에 갈퀴 자국나도록 긁어 가랑잎을 모으곤 했다.

학교 앞에서 살던 우리는 늘 운동장에서 놀았다. 쌀쌀해진 늦가을의 어느 날 운동장에서 놀다가 무심히 운동장에 둘러선 플라타너스를 본 순간 우리 눈은 반짝 빛났다.

노랗게 변해가는 잎이 많이도 달려 있었다. 노오란 때깔이 불도 잘 붙게 생겼다. 바닥으로 쏟아진 뒤엔 어른들 차지니 쏟아지기 전에 우리가 따버리자!

집에서 갈퀴를 가지고 왔다. 언니는 갈퀴를 세워 잎을 털고 나는 떨어진 잎을 대소쿠리에 주워 담았다. 키는 모자라고 팔 힘도 약하긴 했지만 생각보다 플라타너스 잎은 끈질겼다. 쉬이 떨어지지 않는 나뭇잎에게 떨어져라! 좀 떨어져 줘라! 애원하는데 갑자기 선생님의 호통소리가 들렸다.

"야 이놈들아, 뭣들 허냐, 엉!"

우리는 있는 힘을 다해 학교 바로 앞 우리 집을 지나쳐 멀리, 아주 멀리로 도망쳤다. 동네 끝자락까지 도망가서 보니 바구니 안은 텅 비어 있었다. 어둡도록 쪼그려 앉았다가 소쿠리를 머리에 뒤집어쓰고 돌아왔던 그때 언니 아홉 살, 나 일곱 살. 선생님이 알아볼까 봐 새가슴 졸이며 다음날 학교도 못 갔던 겨우 반백 년 이 땅에 머물다 간 엄마 같던 언니야,

무정할 사 그대로다!

안녕하시지요?

눈이 자주 온다.

연약한 다마스로 눈길 다니려니 늘 긴장이다. 주인님 뜻과 상관없이 바람 불면 바람 따라가고 눈 내리면 눈 따라가는 팔랑개비 다마스다.

동탄이 신도시로 개발되기 전 어느 겨울이었다.

평소엔 고매리 방향으로 출퇴근하다가 눈이 오면 경사길 많은 고매리 쪽 지름길 대신 완만한 석우리로 우회해 다니곤 했다. 눈이 많이 내린 어느 아침, 다마스를 다독이며 석우리를 지나기고 있었다. 편도 1차로의 그리 넓지 않은 변두리 길로 경사라고 칭하기도 뭣한 살짝 기운 비탈길을 지나는데 거친 바람 한 번에 스르륵… 다마스가 반대 차로로 미끄러져 갔다. 다마스 성질을 아는 터라 핸들 조작이나 괜한 브레이크 밟는 일 없이 숨소리도 죽여가며 살금살금 운전하는데 어, 어, 어… 세 번 만에 길갓집 담벼락을 쿵! 받아 넘어뜨렸다. 에고, 다마스 일냈네. 그나마 다행인 건 반대편 차로에 마주 오는 차가 없었다는 것. 눈보라 휘날려 마구마구 얼굴을 때리는 그 아침. 철컥 잠겨있는 대문 대신 뻥 뚫어 놓은 담을 넘어 들어가 주인을 불렀다.

"계세요~~ 안에 계세요~~~"

창문엔 불빛이 환하고 TV 소리는 우렁우렁한데 아무도 나오는 이가 없다. 다시 문을 두드리고 불러도 여전히 무반응이다.

'안녕하세요. 본의 아니게 담을 무너뜨린 운전자입니다. 죄송합니다. 연락 주시면 배상해 드리겠습니다! 011-1357-2468'

메모지를 문틈에 끼워 넣고 가던 길 갔다. 그런데 아무런 연락도 오지 않는다. 문틈에 꽂아둔 메모지가 강풍에 날아갔나? 일하는 내내 신경이 쓰였다. 밤 깊은 퇴근길, 지은 죄가 있어 다시 석우리로 방향을 잡았다. 범행 현장에 도착해 보니 그새 담장을 말짱하게 수리해놨다. 본래 널 모양의 조립식 시멘트 담인데 무너진 시멘트 널 대신 나무 널조각으로 맞춤하게 수리되어 있었다. 담을 넘어갈 수도 없으니 대문 밖에서 소리쳤다.

계세요~~

안에 계세요~~~

안 계세요~~~

목청 돋우고 대문을 두들기자 문이 열리고 할아버지 한 분이 나오셨다. 아침 일을 이실직고하자 첫마디가

"몸은 괜찮소?"였다.

"아, 네, 저는 괜찮아요. 연락처를 문에 꽂아뒀는데 없어졌나 봅니다."

쿵 소리가 나길래 옆집인 줄 알았다고, 자꾸 불러 쌓길래 옆집 부르는 줄 알았는데 나와보니 당신 집이더라고, 메모지는 봤는데 담이 저 지경이면 사람은 또 얼마나 상했을까 싶어 연락 않고 손수 고쳤다고….

"이 추위에 고생 많으셨네요. 수리비를 얼마나 드리면 될까요?"

"수리비는 무슨… 몸이 그만해서 고맙소."

담 넘어뜨린 죄인한테 몸 안 다쳐서 고맙다니.

"말씀해 보셔요, 저 돈 많이 가지고 왔어요."

"아이고 됐수. 있는 나무로 고쳤으면 됐지, 뭔 수리비를 받아…"

결국 약주값이라도 하라며 할아버지 손에 오만 원을 억지로 쥐여 드렸다. 동탄이 신도시가 되어 그 집이 헐리기까지 간간이 그 길을 지날 때면 헌 옷 기우듯 땜방한 울타리를 보며 가슴 한켠에 온기가 돌았다.

다시 뵙지 못한 도량 깊은 할아버지,

안녕하시지요?

완전한 삶을 위하여

모든 것이 갖춰진 삶을 산다면 어떨까?

언제라도, 어떤 것이라도, 원하는 모든 걸 누릴 수 있다면 완전한 행복에 이를 수 있을까?

반대로 간절히 원해도 부족한 것 투성이라면 그 삶은 불행할까?

다시 말해서 부자는 행복하고 가난한 사람은 불행한가? 진실인지 떠도는 이야기인지 마이클 잭슨은 피자 먹고 싶으면 이탈리아로 가고 우동 먹고 싶으면 일본으로 갔다는 이야기가 있다. 그것은 그의 입맛이 까다롭다기보다 그만큼 부자라는 얘기일 것이다.

'그래서 그는 행복했다'라고 할 수 있을까?

동물의 왕국에서 사냥하는 표범을 봤다.

사냥감을 발견한 표범은 온몸이 팽팽한 시위가 된다. 먹이를 향한 초긴장의 집중이 눈빛에 장전되고 지켜보는 사람까지 숨죽이게 한다.

지금이다!

총알처럼 먹잇감을 향해 돌진하는 표범의 에너지는 보는 사람을 전율시킨다. 폭발하는 힘이 느껴진다. 그러나 포식한 다음엔 원하는 걸 얻은 뒤의 충만함보다 팽팽하던 고무줄이 툭 끊긴 것처럼 무료해 보인다. 그러나 표범의 행복에 대해선 걱정할 필요가 없다. 몇 시간 후면 다시 배가 고플 것이고 표범은 다시 최대의 희열을 장전하고 시위를 떠날 것이다.

사람은 동물과에 속하지만 그렇다고 짐승은 아니다. 먹는 것만으로는 행복할 수 없다. 살기 위해 먹는 것은 중요한 일이지만 인간은 먹는 일보다 다른 일에서 자기만족과 행복을 느낀다. 그래서 우리는 무언가를 추구한다. 목적한 것을 향해 달리고 획득할 때 먹잇감을 포획한 표범처럼 충만한 행복에 이른다. 추구하는 목표가 없다면 삶은 얼마나 맹탕일까!

코로나로 인해 며칠간 강제 휴가가 주어졌다. 일없이 일주일을 쉰 것은 거의 이십 년 만의 일이다. 이십여 년 매일을 동동거리고 살면서 나는 늘 시간이 부족하다고 생각했다. 힘들게 일해도 원하는 걸 얻기에 부족한 시간이었고 쉴 시간이 부족하고, 잠잘 시간이 부족하고, 친구를 만나기 위해 시간을 내는 건 있을 수 없는 일이었다. 집안 애경사도 밤이나 새벽에 시간을 쪼개 다니는 나로선 주어진 모든 시간이 부족한 셈이었다. 잠자리에 들면 더 나은 내일을 꿈꿀 겨를도 없이 고단한 하루가 막을 내렸다.

그런 내게 엄밀히 말하면 보균자로서의 격리지만 어쨌든 '놀' 시간이 주어진 것이다. 처음엔 바이러스에 무방비로 공격당하느라 아무것도 할 수 없었다. 4일째 되니 살았다는 생각이 들 만큼 뚜렷이 회복되었다. 오랜만에 쓸고 닦고 여유 있게 책도 읽었다. 베란다에서 때 만난 듯 피워대는 꽃들도 느긋이 살펴보고 옥상에 방치된 지난해 화초들을 말끔히 걷어냈다. 옥상에서 올려다보는 하늘은 푸르고 바람은 상쾌했다. 시간은 조용하고 느리게 흘러갔다. 격리된 동안은 감을 팔까 배를 팔까 고민도 필요 없다. 가게 일은 잊자!

혼자 있으니 먹을 것 준비하느라 부산 떨 것도 없고 최소의 식사를 하며 오직 휴식뿐인 유례없는 황금시간을 보냈다. 쉬는 동안 세 권의 책을 읽었다. 식탁에 앉아 읽다가 서성거리며 읽고 다시 방바닥에 앉아 읽었다. 읽다 자고 자다 읽었다. 읽을 책은 아직 있고 휴가는 남아 있다. 행복하다.

3, 4일 치 시간을 아낌없이 펑펑 쓰고 나니 문득 이미 많은 것을 가지고 있는 사람의 하루는 어떻게 흘러갈지 궁금하다.

끼니 걱정을 하지 않아도 되는 삶, 금리 인상에도 가슴 철렁할 일 없는 사람, 남을 부러워하기보다 자신이 세간의 초점이 되는 사람, 일을 계획함에 돈이 없어 포기하지 않아도 되는 삶.

그러나 가진 게 많은 그들도 아무 걱정 없이 행복하기만 하진 않을 것이다. 가진 걸 지켜야 하고 더 큰 성장도 해야 하고 사회는 복잡해서 문 닫아걸고 나 혼자만 행복할 수도 없다.

그중에서도 많은 사람이 평생의 목표로 삼고도 얻지 못한 것을 부모로부터 물려받아 누리기만 하는 사람의 삶은 어떨까? 그러나 소비만 하는 삶은 얼마나 건조한가! 더 높이 오르기 위해, 더 멀리 나아가기 위해, 목적한 걸 이루려는 쫄깃한 욕구도 없이 산다면 삶

돌아갈 수 없는 날의 풍경 ■ 253

에 무슨 희열이 있을까. 그러니 싱거운 삶에 소금치고 고춧가루 뿌리듯 비도덕적이고 자극적인 일에 도취되는 게 아닐까!

　로또에 당첨된 사람은 이후 삶에서 행복이 사라진다는 말이 있다. 그가 다시 행복해지려면 로또 이상의 충격적인 일이 일어나야 된다고 한다. 마른날 길 가다 벼락 맞는 것보다 어렵다는 로또 당첨보다 더 자극적인 일이란 뭘까?

　부족한 것 투성이에 장에 가려고 새벽마다 겨우겨우 눈을 뜨면서도 나 스스로는 재산이 많은 이들과 견주어 크게 불행하다고 생각하지 않는다. 내가 욕심내는 것은 돈이 아니라 시간이다. 지금보다 조금 느리게 살 수 있는 시간, 느긋하게 하고 싶은 걸 할 수 있는 시간. 물론 돈도 어느 정도 있어야겠지. 나도 슬슬 보편적인 정년에 이르고 있다. 언젠가 내 앞에 넘치는 휴식이 주어진다면 그땐 남아도는 시간을 어떻게 소비할까?

　그동안 미뤄둔 책 실컷 읽어야지. 꽃에 눈 맞춤하며 매일매일 행복할 거야. 이슬도 마르기 전 산책하고 노을 진 길을 따라 저녁 산책도 해야지. 강아지도 데리고 다니자.

　그런데 어제처럼 오늘도 책을 읽고 어제 산책한 길 오늘 또 산책하는 날이 반복된다면 오늘 만끽한 행복이 그대로 다가올까? 날마다? 목마를 때 마시는 물이 가장 달고 배고플 때 먹는 밥이 가장 맛있지 않던가? 날마다 쉬는 것은 휴식이 아니다. 일한 뒤에 누리는 휴식이 진짜 휴식이다.

　한발 물러나 생각하니 지금 할 일이 있다는 것도 소중하다. 일에 파묻혀 살면서도 짬짬이 좋아하는 꽃을 키우고, 글을 읽으며 기쁨을 얻는, 이대로의 내 삶도 그리 나쁘지 않다. 그래도 동동거리는 걸음은 좀 늦춰보자. 지금까지 나는 너무 달리기만 했다. 이제부턴 걷자. 어느 날 지평선처럼 펼쳐진 시간에 휘청거리지 않도록 삶의 태엽을 조금 풀어놔야겠다.

옛날 옛적에

오랫동안 나는 박스를 품고 살았다.

이런저런 제목이 적힌 책 박스를 풀지도 않은 채 단칸방을 전전하며 미래의 어느 날 흔들의자에 앉아 커피 마시며 햇볕 쬐며 두고두고 읽어주리라, 나에게 약속했다. 언젠가 내 집이 생기면, 떠돌이 생활이 끝나면, 한가한 시간이 오면…

그날을 기다리는 책 박스는 내 금괴였다. 그리고 '어느 날'이 왔다. 흔들의자는 아직 없지만 책장을 들여놓고 가지런, 가지런 책을 채웠다.

그런데 '미래의 어느 날'에 도착한 많은 책이 무용지물이 되었다. 페이지를 상하로 이분화하고 세로로 인쇄된 책들이 돋보기를 쓰고도 읽어내기 어려운 눈이 된 것이다. 읽을 수도 없는 책을 그래도 책이어서 쌓아 놓고 있다가 읽지도 못할 책을 쌓아 놓고 있는 건 미련이고 집착이란 생각이 들었다. 아쉽지만 보물인 양 애장했던 누런 책들을 버리기로 했다. 버릴 책을 뒤적이는데 묵은 책갈피에 사진 한 장이 꽂혀 있다.

어머니 품을 벗어나 제2의 인생을 시작하기 전 하늘 아래 유일한 사진이 거기 숨어 있었다. 내가 어느 날 하늘에서 뚝 떨어진 늙은 곰이 아니라 푸릇한 시절이 있었다는 걸 증명해 주는 사진이다. 그 사진은 특별한 목적을 가지고 찍은 사진이다.

행상하던 어머니에게 어떤 사람이 '양친회'를 찾아가 보라고 했다. 외국의 자애로운 사람과 우리나라의 형편이 어려운 아이들을 1:1로 결연하여 매월 일정액을 지원받을 수 있도록 도와주는 기관이었다. 양친회에선 가족사진을 찍어 오라 했고 그렇게 찍은 사진으로 동생에게 캐나다의 따뜻한 후원자가 맺어졌다. 이때 어머니 나이 사십 중반, 고생 많으셨던 어머닌 지금의 그 나이 사람들과 비교하면 이십 년은 더 들어 보인다. 사진 속엔 숱 많은 내가 있다. 어머니가 무쇠 가위로 단발을 자를 때마다 숱이 왜 이렇게 많냐던 그 숱 다 어디 갔나. 헌 옷이라도 깨끗하면 된다던 어머니 말씀대로 깨끗하게 빤 옷을 입고 사진관 아저씨가 찰칵 누른 반세기 전 어느 날이 화석처럼 남았다.

누가 우리에게 이런 손길을 보낸 적 있었나! 양친회는 잠시나마 우리에게 비빌 언덕이 되어주었다. 돈을 찾아올 때마다 어머닌 양친회, 양친회 소개해 준 사람, 캐나다 사람을 들추며 한결같이 말씀하셨다.

너무 고마운 사람들이야!

요긴하게 쓰인 금쪽같은 돈이었다. 2년여 지원받다가 우리나라보다 더 어려운 나라를 돕는다며 양친회는 철수했고 후원은 중단됐다. 우리는 캐나다 후원자와 양친회를 잊지 않았다. 세월이 흘러 조금이라도 나눠야겠다는 생각에 월드비전에 큰아이, 작은아이 이름으로 각각 2만 원씩 후원을 했다. 전기 요금처럼, 수도 요금처럼 매월 월드비전이 통장에 찍혔다. 아이들 이름으로 후원한 것은 그로 인해 아이들도 나누는 것에 익숙해지길 바라는 마음에서였다. 그리고 몇 년이 지났다. 나에겐 아픈 언니가 있었다. 언니의 지병은 신부전증, 지금은 의료보험 수혜를 보지만 예전엔 의료보험 적용이 안 되던 질병이었다. 고액의 병원비를 감당하느라 언니는 집을 팔고 그 집에서 전세를 살았고 다시 전세를 월세로 돌려 살다가 나중엔 반지하로 이사 갔다. 과도한 병원비에 가족들은 파산지경에 이르렀다. 오랜 투병으로 언니의 건강은 점점 더 안 좋아졌고 생활도 어려웠다. 모른척 할 수 없는 일이었다. 요금 미납으로 불통된 전화를 살리고, 이사 갈 집 보증금을 대주고, 월세를 내주고, 조카 대학 등록금을 내주고, 한번 입원하면 6~7백만 원 하는 병원비에 카드를 쥐여줬다.

어느 날 언니 생일에 가족이 모였다.

언니의 식탁엔 내가 그렇게 갖고 싶던, 눈요기만 했던 예쁜 사각 접시에 음식이 차려졌다. 순간 서운한 생각이 들었다.

'나는 한쪽 어깨가 기울도록 쌀을 져 나르고 옷이라곤 드럼 안 타는 시커먼 작업복뿐인데, 외식 한번 못하고 365일 일만 하며 병원비를 보태는데, 언니는 저렇게 예쁜 그릇도 사는구나.'

그러나 다시 생각하니 아픈 몸으로 어느 하루인들 상쾌한 날이 있을까! 저걸 사는 순간만큼은, 그리고 며칠간은 잠시 행복하기도 했겠지. 그렇게 생각을 돌렸다.

알량하게 도왔다고 내가 파산한 것도 아니고 도울 수 있는 입장이어서 얼마나 다행이냐. 거꾸로 내가 언니처럼 아팠다면 손 내밀 줄도 모르는 나는 진작에 다른 세상으로 갔을 것이다.

그 무렵 월드비전 후원을 해제했다. 내 식구도 제대로 못 도와주면서 허울 좋게 먼 나라에 무슨 후원이냐. 내 식구부터 챙기자. 종교인들은 십일조도 내던데 십일조 낸다 생각하고 언니를 도와주자. 거래처로 돈이 줄줄이 새는 월말이 되면 그만 줄까? 흔들릴까 봐, 월말 되기 전에 눈 질끈 감고 언니네부터 보냈다. 그럼에도 언니는 돌아올 수 없는 길을 갔다.

옛 사진을 보니 그동안 혼자만 잘 먹고 잘살아 부끄럽다.

솔선해서 나누진 못할망정 받은 거라도 갚아야지!

한동안 정기 후원을 안 하다가 다시 후원을 한다. 후원한다고 드러내기도 뭣한 작은 액수지만 내가 아낀 양말 한 켤레로 누군가의 발이 따뜻하길 바라며.

벽이 문이 되기까지

여자의 몸에선 곡선이 느껴진다.

부드럽고 아름다운 곡선. 그 곡선의 완성은 가슴이다. 그걸 서른여덟에 알았다. 그해 나는 가슴 하나를 잃었다.

애써 보지 않다가 거울 앞에서 찬찬히 살펴본 나, 아니 내 가슴.

'가슴이 이렇게 예쁜 거였구나.'

그때 알았다. 가슴이 그토록 아름답다는 걸. 수술 후 근 한 달 만에 들여다본 하나뿐인 가슴. 건강하다는 그 하나만으로도 눈물 나게 예뻤다.

마취로 혼미해질 무렵 혼잣말 같은 의사의 말이 아득하게 들려왔다.

"조금만 더 일찍 왔으면 좋았을 걸…"

5인실의 환자 중 내 상태가 가장 안 좋았다. 가슴 하나는 절벽이 되었고 임파선도 제거됐다. 이미 한 달 동안 수많은 교차점을 지나온 나는 거울을 보며 담담하게 현실을 생각했다. 이제 목욕탕엔 못 가겠구나! 12월에 입원해 한 달 만에 퇴원한 나는 당장 목욕할 수도 없는 상태였지만 여름철 빼고는 추워서 목욕을 할 수 없는 허름한 시골집에서의 목욕이 벌써부터 난감했다.

수술했던 병원은 방사선 치료 시설이 없어 여의도 성모병원으로 방사선 치료하러 다녔다. 성모병원에 간 첫날 수술 직전에 들었던 말을 또 들었다.

"조금만 더 일찍 왔으면 좋았을 걸…"

대체 내가 어떤 상태길래 의사들은 저렇게 말할까?

내가 곧 죽나? 그러나 나 아직 살아있다.

방사선은 암세포를 죽이기도 하지만 건강한 세포도 상하게 해서 가능한 최소의 부위에 방사선 치료를 할 거라며 체크하는 동안 위치 바뀐다고 숨도 크게 쉬지 말라 했다. 치료 부위를 표시한 선이 지워지지 않도록 절대 물이 닿지 않게 하라고도 했다. 샤워는 당연히 안 되는 거고 땀도 많이 흘리면 안 되는 거였다.

만원 주유하고 여의도 갔다 와선 다음 날 또 만원 주유하고.

임파선 제거 후유증으로 왼팔이 펴지지 않았다. 내 차는 스틱 기어에 창문도 수동인 프라이드였다. 고속도로 티켓을 뽑으려면 안전벨트부터 풀고 오른손으로 왼쪽 문에 있는 레버를 돌려 창문을 내렸다. 티켓도 오른손으로 뽑고, 다시 오른손으로 레버 돌려 창문 닫고 벨트 매고 기어 넣고… 매일이 그런 날이었다. 요즘 자꾸 시위 중인, 씩씩하게 열일한 오른팔이다.

치료받을 때마다 옷 벗는 것이 수치스러워 치료 후엔 가능한 재빨리 옷을 여미고 도망치듯 치료실을 나오곤 했는데 어느 날 치료 중에 문득 이런 생각이 들었다. 자궁암 환자는 치료를 어떻게 받을까?

'유방암이어서 정말 다행이야!'

갑자기 나는 행복한 유방암 환자가 되었다.

그 행복은 오래가지 않았다.

수술하기 전에 목욕한 나는 5월이 되도록 제대로 된 목욕을 하지 못했다. 방사선 치료로 살갗이 벗겨져 붉은 살이 드러나고 유두는 떨어질 듯 달랑거렸다. 치료 부위를 제외한 온몸을 젖은 수건으로 매일 닦고 있었지만 몸에서 자꾸 악취가 나는 것 같았다. 병적으로 옷을 갈아입고 향수를 싫어하는 내가 향수를 뿌리고 다니며 수시로 주변 사람에게 묻곤 했다.

― 나한테서 냄새나지 않아?

― 자꾸 무슨 냄새가 난다고 그래. 피죤 냄새, 향수 냄새, 그리고 무슨 냄새가 나야 하는 건데?

그럼에도 악취가 나는 듯한 강박에 거의 미칠 지경이던 어느 새벽, 5시에 목욕탕에 갔다. 때 미는 분 중 나이 지긋한 아주머니에게 준비해 간 압박붕대와 랩으로 가슴을 감아줄 것을 부탁했다. 탕 안에 몸을 담그고 눈을 꼭 감았다. 새벽이라 손님은 둘 밖에 없었지만 감은 눈 속에서도 그들의 시선을 느꼈다. 충분히 불었을 때 아주머니에게 몸을 맡겼다. 내 형편에 때 미는 이를 부르는 건 사치였지만 계속되는 항암치료로 옷 입고 벗기도 버거울 만큼 체력이 고갈된 상태였다. 아주머니는 아무 말도 하지 않고 천천히 5개월 치 때를 밀었다. 눈을 감고 있었지만 국수 가락처럼 밀리는 때가 느껴졌다. 가만가만

미는 손길은 정성스러웠다. 나도 모르게 눈물이 났다.

"어릴 때 어머니가 씻겨주는 것 같아요. 고맙습니다!"

"그래요. 엄마처럼 씻어줄게요. 편안히 있어요."

긴긴 시간이 지나갔다.

수고료는 8천 원이었으나 2만 원을 드렸다.

남의 시선 때문에 대중탕엔 못 가려니 했는데 거의 반년 만에 묵은 때를 걷어내고 오는 발걸음은 경쾌했다. 그 후 매주 새벽 시간에 목욕탕에 갔다. 그때마다 두 분 중 그 아주머니에게 몸을 맡겼고 첫날 고마운 마음에 2만 원을 드린 후 새삼 만 원을 드리기도 뭣해서 수고비를 계속 2만 원씩 드렸다. 그러나 목욕비를 2만 원씩 쓰는 것은 내 형편에 과한 사치였다. 일 년이 지나 점차 기력이 회복되고 있었지만 목욕탕에 가면 아주머니는 당연한 것처럼 나를 씻기려니 했다. 누군가 예약을 하면 내 의견은 묻지도 않고 기다리라고 했다. 나는 내 형편을 설명하지도, 거절하지도 못했다. 살다 보면 사소한 용기가 필요한 순간 그 사소한 걸 하지 못해 후회할 때가 있다. 내 소심한 결정은 목욕탕을 옮기는 것이었다. 동탄에서 신갈로 다니던 목욕탕을 꼭 그만큼의 정반대 방향인 오산으로 다녔다. 다른 목욕탕에 다니면서 이따금 그 아주머니를 생각했다. 그동안 고마웠다고 인사했어야 했는데, 멀리 이사 가게 되어 못 온다고 거짓말이라도 했어야 했는데…

아무런 말도 없이 오지 않는 나를 그저 멀리 이사 간 것으로 여기길 바랄 뿐이다.

요즘은 많은 집들이 리모델링하며 욕조를 철거한다. 뭇 시선을 의식하지 않고 목욕하는 것이 얼마나 행복한 건지 그들은 겪을 일이 없었을 것이다. 아파트로 이사 와 집에서 목욕할 때 나는 더없이 평온하다.

행복은 그렇게 사소한 것이다.

*

이따금 자신을 뛰어넘어야 할 때가 있다.

남이 볼 땐 사소한 것일지라도 결코 쉽지 않을 때가 있다. 그것을 넘게 하는 것은 거창한 명분보다 간절함이다. 한 번 넘으면 그것은 더 이상 벽이 아니라 가능성의 문이 된다. 나에겐 목욕탕이 넘어야 할 벽 중 하나였다.